Memórias de 50 anos

Escrito em 1997

Copyright © 2012

Autor: Serafim Soares Ferreira

Todos os Direitos Reservados.

ISBN: 10-1480115959

ISBN-13: 978 1480115958

Informação ao Leitor

Não pretende o autor ser um escritor, muito menos bom. Não é sua intenção, nem o será jamais, ofender princípios morais; quer de aspeto religioso ou social; quer os de aspeto financeiro ou político, quer seja preto, branco ou amarelo, já que a diferença está apenas na cor da pele. Cada ser humano, por si só, é uno, indivisível, imutável e, incomensuravelmente inatacável em suas opiniões, escolhas e conceitos. Se assim o homem não proceder com o homem, teremos o caos em todas as suas dimensões, com funestas e consequências desastrosas. Não raramente, através dos séculos percorridos, os efeitos negativos desse desrespeito apresentaram e apresentam resultados indesejáveis e inequívocos.

Naturalmente, e sem que seja outra intenção, o autor apenas quer tornar possível a lembrança de que algo está mal conduzido nesta terra a que pertencemos.

Nesta obra, todos os factos narrados são verdadeiros exceto os nomes das personagens.

PRIMEIRA PARTE

A 9 de julho de 1940, segundo os documentos oficiais, o autor nasceu nas Termas de S. Vicente, Penafiel, numa casa muito humilde. Fora o primeiro filho de um grupo que viria a ser de dez. Pai, carpinteiro e mãe, doméstica.

Cedo comecei a ajudar o meu pai nos serviços de carpintaria, quando ele estava em casa, por não ter serviço fora. Outras vezes, ia com a minha mãe arranjar lenha pelos montes, ou qualquer coisa que servisse para fazer a cama às ovelhas ou para o porco; fontes de riqueza, em qualquer casa semelhante à nossa, desde que a doença os não dizimasse o que era uma desolação total. Além disso, também me esperava o transporte de água para as necessidades da casa, já que a nascente mais próxima se encontrava a uns quinhentos metros, e naquele lugar água encanada era coisa desconhecida. Muitas vezes, ia com as ovelhas, pelos caminhos públicos, para elas comerem, uma vez que as nossas hortas eram absolutamente de reduzida dimensão. Nessas ocasiões, eu aproveitava para comer as pontas dos rebentos novos das roseiras, das silvas e a erva azeda. De igual modo, a ameixieira do vizinho, quando tinha frutos, a ficar um pouco amarelos, eram logo testados. Os que consegui comer, foram maravilhosos, mas nunca deliciosos, dado que nunca chegaram a amadurecer.

Durante os meus primeiros anos, quando a minha mãe tinha que sair para ir levar a comida ao meu pai, que se encontrava a trabalhar a alguns quilómetros de distância eu, normalmente, ficava fechado em casa. Uma das vezes que estive só, talvez muitas horas, consegui subir à banca da cozinha e de lá chegar a uma garrafa de azeite que estava guardada. Nessa altura, esse líquido era muito valioso. A maioria das pessoas não se podia gabar de ter uma garrafa de azeite em casa para consumo. Depois, trazendo-a para o chão, com a dificuldade inerente ao meu tamanho corporal e à altura que se encontrava, juntei-lhe cinza da lareira e fiz uma mistura. O que me disseram mais tarde, é que durante cerca de dois meses não houve azeite para ninguém.

Sempre que podia, até aos doze anos, gostava de ir sozinho às amoras e às nozes verdes. Destas poucas comia, porque tinha de as retirar da árvore à pedrada, enquanto não aparecia o proprietário ou o lavrador.

Não me lembro de ter passado fome, embora a fartura não fosse muita, só que algumas vezes comi alfarroba que era destinada aos cavalos. Estávamos nos primeiros anos do pós-guerra e o mal era geral.

Numa das vezes que fui só ao monte, para arranjar lenha para casa, e ao mesmo tempo brincar, nessa altura teria uns oito anos, fi-lo numa propriedade relativamente próximo da casa dos caseiros agricultores. Quando tinha já o pequeno feixe feito, e pronto para me vir embora, aparece a filha do caseiro, levando-me a lenha e ainda tive que andar depressa dali para fora. Esta cena repetiu-se muitas vezes com outros miúdos, pois aquela estava sempre com atenção, e mesmo de longe conseguia descobrir se andava alguém no monte, aparecendo sempre para confiscar o material que eles nem apanhavam. Passados uns dois anos do acontecimento, a referida foi para freira, não sei se por obra de Deus ou do Diabo, deixando-nos em paz. Foi a primeira pessoa que detestei e se tem mantido durante toda esta minha vida. Por mim, nem S. Pedro lhe valerá.

Os primeiros estudos foram feitos na escola local onde completei a quarta classe do ensino primário. Da primeira classe recordo-me de ter assobiado na sala de aulas e ter estado de castigo, ajoelhado no chão que por acaso era de madeira, durante 15 minutos, virado para a parede e com os joelhos a doer, uma vez que estava de calções. Da quarta classe, a recordação de uma sova com régua grossa, em junho de 1952, por não saber, de fio a pavio, a composição do esqueleto humano. Do período de aulas, o que mais me marcou foi a ginástica e as marchas, ao sábado de manhã, no recinto do recreio, que eram do tipo militar, porque a professora dos rapazes, uma jovem muito exigente e muito amiga dos seus alunos, incutiu-nos o princípio da disciplina.

A professora das raparigas, nessa altura as turmas eram separadas, era uma cabra velha, que pouco ensinava e só batia com violência, passando grande parte do tempo aos berros com as suas alunas. Ao fim de alguns anos de tormentas, as miúdas resolveram atacá-la, o que parece ter dado resultado.

Fiz o exame da quarta classe numa escola de Penafiel. Fui transportado no carro do namorado da minha professora que nos fez o favor, pois não havia dinheiro para pagar as viagens de camioneta. Lá fomos uns seis ou sete, num carro desportivo, uns por cima dos outros, com grande alegria, não só pela juventude, mas porque era a primeira vez que andávamos de automóvel. Ao fim de dois dias de provas, fiquei aprovado e, como prémio, a minha mãe deu-me um pão com marmelada para comer escondido, num quarto, para que nenhum dos meus irmãos se apercebesse disso. A marmelada entrara pela primeira vez naquela casa.

Católico, Apostólico, Romano, por imposição, práticas que sempre detestei mas tive de cumprir.

Fazendo parte da Cruzada, sempre acompanhei funerais. Existiu um que nunca mais esquecerei. Foi no dia da minha Comunhão Solene, talvez no mês de junho. Era um domingo quente.

Fomos acompanhar um funeral de um senhor, muito importante creio, que por infelicidade nossa, foi a enterrar no cemitério de outra freguesia. Foram cinco ou seis quilómetros de distância percorridos a pé, debaixo de um calor intenso e a rezar. Como tudo isto não fosse suficiente, tropecei numa pedra, caí e fiz mais três irem por terra.

Da mesma época lembro-me de fazer experiências com pólvora que o meu pai guardava numa lata, muito bem escondida. Eu acabava sempre por a descobrir. Esta destinava-se a carregar a sua espingarda com que afugentava os pássaros das suas hortas, principalmente da cultura de milho. A produção não dava para ser distribuída por eles.

O meu pai poucas vezes batia nos filhos, mas quando descobriu a pólvora gasta, bateu a sério, e só não levei mais porque as pernas também se fizeram para correr.

Muitas noites ia para a oficina ajudar a lixar cruzetas em madeira, tipo cruz, que o meu pai vendida a um comerciante das termas a um escudo cada, valor que na altura não dava para a madeira e lixa. Não havia grandes escolhas, os trabalhos eram escassos e tudo tinha de ser aproveitado.

MUDANÇA PARA UM MUNDO NOVO

Feito o exame da quarta classe, que era o máximo estudo que se podia concluir, já que a partir daí não havia recursos financeiros suficientes para a deslocação para longe, era necessário começar uma vida nova. O começo foi com o meu pai nos trabalhos de carpintaria e a andar no monte, a serrar madeira, o que não era nada fácil, mais ainda, porque não era um rapaz forte.

Um meu tio, por afinidade, que era cozinheiro civil na Messe de Oficiais no Porto, sabendo de uma vaga que se deu na portaria, pediu para que me dessem o lugar de Paquete, como eram e são designados os rapazes que fazem recados, transportam malas e acompanham os hóspedes para indicação dos quartos e outros. Além disto, era minha obrigação, aos domingos e feriados, hastear, no último andar do edifício da Messe, a Bandeira Nacional, o que ainda hoje me leva a olhar para todas as Bandeiras deste País, para verificar se elas estão na devida posição. Ao longo da vida, já solicitei, mais que uma vez, a mudança de posição por ela ter sido hasteada em posição errada. A Bandeira Nacional, para mim, tem o máximo valor do meu país. Tudo o que está para baixo dela, nada significa.

Aos doze anos e meio, em 9 de janeiro de 1953, fui admitido ao serviço, com a categoria profissional de servente de limpeza. O horário de trabalho era das oito horas às vinte e uma horas e trinta minutos, com intervalos de meia hora para almoço e outro para jantar. Cumprir um horário desses, nesta época, era de acusar o estado de explorador de menores, com todas as suas consequências, tanto mais que era de segunda a domingo. Ao fim de três anos de trabalho e talvez por bom comportamento, comecei a ter um dia de folga por semana, que em princípio era à sexta-feira. Ao fim do quinto ano de serviço, passei a ter direito a doze dias de férias. Nada mau para a minha idade, pois a maioria dos trabalhadores em geral não tinha férias.

No primeiro dia em que cheguei ao Porto, acompanhado pelo meu pai, fiquei confuso com o movimento de tantos carros, muitas pessoas desconhecidas a andarem de um lado para o outro, alguns com passo acelerado, tantas casas juntas e grandes. Os ardinas apregoando os jornais, sem eu conseguir compreender o que diziam. Os vendedores de castanhas que anunciavam em voz rouca "quentes e boas... são como batatolas." À noite, muitas luzes acesas, no exterior, forneciam uma miragem. Os reclamos luminosos, alguns repetitivos, deixavam-me maravilhado. Nada era como na minha terra: iluminação de vela ou de candeia a petróleo ou quando muito, uma luz de gás – carboneto.

Na Messe, o cheiro a comidas, diferente dos habituais, causavam-me um certo apetite que me levaram a começar a comer muito mais.

No segundo dia de trabalho, uma hóspede chamou, da escada do segundo andar, pelo porteiro que se chamava Manuel Gomes. Dado que eu estava mais perto, disse para o referido porteiro que estava ali uma "mulher" a chamar por ele. Fui logo repreendido. Naquela casa não havia mulheres, só havia senhoras, disse-me ele. Fiquei admirado.

Passei a ir dormir em casa dos meus tios que moravam nas Escadas dos Guindais, mais ou menos a meio. Como a minha tia era uma fanática da religião católica, por consequência e por recomen-dação da minha mãe, e porque ainda era menor, todos os domingos tinha de ir à missa, antes de ir para o trabalho. Tive que lutar sempre com esse problema. Detestava ir à igreja por obrigação, até talvez por, em mais pequeno, estar na igreja, durante muito tempo, em jejum, o que me provocava um estado de fraqueza, que muitas vezes resultava em tonturas. Se eu reclamasse, ninguém acreditaria e ainda acrescentariam que estava possuído por algum demónio coxo, fugido da II guerra. Com o decorrer do tempo, consegui passar a ter dormida na Messe, o que me deu um certo alívio, só por ter deixado de ouvir o "Sermão e Missa Canta-da"; por chegar tarde à missa, na igreja da Ordem do Terço, e às vezes, não saber a cor dos paramentos que o padre usara em determinado domingo. A maioria das vezes nem o padre conseguia ver, quase sempre ficava à porta do fundo, dado que não podia demorar a sair, porque a cerimónia terminava na mesma hora de entrar ao serviço, ali a trezentos metros de distância. Mas, nesses domingos se não fosse pontual na entrada ao serviço, os deuses da entidade patronal dispen-savam-me do sermão habitual por chegar atrasado ao emprego. Também queriam ir para o Céu e, neste caso, não poderiam contradizer o que era evidente.

Sempre que ia visitar os meus pais e irmãos, às Termas de S. Vicente, onde moravam, tinha de ouvir da minha mãe mais um dos tais "sermões" e dos grandes, e sempre pelo mesmo motivo religioso. Algumas vezes, evitava ir lá precisamente para não ter uma repetição da história anterior. Lembro-me que, numa das vezes que o padre da freguesia me interrogou, e eu lhe disse que nem sempre tinha ido à missa ao domingo, resolveu aplicar-me castigo, mesmo sem consultar Deus, estendendo-me a mão, ao mesmo tempo que me desviei, sendo que os seus intentos não resultaram. Essa atitude animalesca foi a que mais contribuiu para me afastar do cumprimento das obrigações religiosas.

As recordações que mais me marcaram, enquanto estive a trabalhar na Messe, devem-se à existência de uma funcionária do escritório de nome Hortênsia Mesquita, uma solteirona, filha de um capitão inválido da primeira grande guerra, que eu ainda conheci, já retido no leito e que fora um dos fundadores da referida casa. Homem de disciplina férrea, segundo me apercebi. A filha também era parecida com ele, mas como mulher e empregada da casa, metia-se em assuntos que não lhe diziam respeito. Ao longo dos anos, protegida pela sombra do pai e por outra personalidade à frente referida, foi-se apoderando do comando psicológico dos funcionários e até do próprio oficial-gerente. Obrigava que a temperatura da água da banheira em que ia tomar banho, logo pela manhã, estivesse a temperatura certa. A criada de serviço naquele setor, tinha de pôr o termómetro na água para que a temperatura estivesse de acordo. Assim, e como a temperatura ambiente nem sempre era igual todos os dias, principalmente no inverno, logo começavam as reclamações quando se metia na água e esta lhe parecia mais fria. Não fosse a necessidade e a dificuldade de obter emprego, um dia, talvez ao entrar na banheira, teria ficado com os pés cozidos com a água bem quente. Depois, eram os lençóis e as toalhas que não estavam bem. Ou estavam mal passados ou velhos. Adquiriu o hábito de almoçar e jantar na sala de hóspedes. Comia sempre antes do início das refeições dos hóspedes. Aqui também havia problemas. A sopa ou estava fria, ou estava quente, o prato ou vinha muito cheio ou muito vazio, a carne do bife ou era muito dura ou fraca. O cozinheiro tinha o cuidado de servi-la com o melhor que lhe era possível para evitar confusões, mas quase nunca conseguia acertar. Como um dia o bife estava mal passado, segundo ela, voltou à cozinha para ser posto nas condições requeridas. Novamente servido, novamente devolvido. Segundos depois a cena repete-se. O cozinheiro estava desesperado; vai à câmara frigorífica e corta novo bife. Preparou-o e mandou-o para a mesa. Começam as reclamações novamente; o bife estava na mesma. "O cozinheiro está a brincar" – dizia ela. Seguidamente, chamou o chefe da cozinha à sala de jantar para se queixar do referido empregado. Este chega à cozinha e, sabendo do que se tinha passado por ter estado presente, pega no primeiro bife que se encontrava em cima do fogão e enquanto olha para o lado da sala, não fosse o diabo aparecer, deita-o ao chão em cima da serradura que todos os dias espalhavam para não escorregarem. Pisou-o com os sapatos, atirou-o ao caixote do lixo da cozinha. Depois, passa-o por água e volta a pô-lo na chapa. Após ser servido novamente e ser provado pela senhora, esta exclama para o empregado de mesa:

"Porque será que não me serviram, logo de princípio, um bife tão bom?

O empregado de mesa que tinha visto o que se tinha passado na cozinha, estava apavorado, pois contava que a reclamação seria o inverso, conhecedor que era do comportamento da pessoa em causa. Durante muitos meses se comentou o sucedido, mas sempre em segredo. Durante os sete anos da minha vivência na Messe, verifiquei que alguns empregados foram castigados e um até expulso, por questões de cartas de namoro, motivado pelo conhecimento que a Hortênsia Mesquita teve do caso. Eu, que em princípio era uma criança, não me deixava intimidar por ela, até talvez pela pouca experiência da vida e não compreender essas reações. Não que algumas vezes não tivesse medo, mas devido à minha pouca idade logo me passava e esquecia. Tinha a vantagem de trabalhar a poucos metros do seu escritório e daí vigiar-lhe todos os movimentos. A senhora, minha colega de trabalho, tocava a campainha de chamamento a qualquer pretexto. Como por vezes não necessitava de coisa alguma, levou-me a tapar a campainha com um limpa tetos, mais conhecido por "Cabeça Preta". Depois de verificar que a campainha não tocava, pois o som ouvia-se no escritório, lá vinha ela, a toda a pressa, saber o que acontecera. No momento em que abria a porta, eu retirava o objeto rapidamente, dirigindo-me para o telefone, fazendo de conta que estava a atender uma chamada e desligava, pois ela queria saber quem estava do outro lado.

"Porque não tocou a campainha?", perguntava a senhora.

Eu, normalmente, respondia:

"Não sei. Não ouvi."

Muitas vezes, voltava ao escritório e voltava a tocar. Se eu tinha hipóteses, recomeçava a cena, se não tinha, a campainha tocava e tinha de ir lá. Só passados três a quatro anos é que ela se apercebeu daquilo que de vez em quando acontecia efetivamente. Não vou entrar em detalhes de pequenos incidentes em que quase todos os dias entrava a referida senhora comigo ou com outros funcionários, mas alguns acontecimentos merecem vir a lume.

Uma noite estava a chover. Cerca das vinte e duas horas, quando nos íamos deitar. Eu e mais três colegas, avistámos um gato junto do nosso quarto. Alguém se lembrou de fechar as portas do corredor e entreter-se com o gato. Cada um de nós armou-se com uma vassoura e começa a corrida ao gato. Este sentindo-se fechado no corredor, começou a correr e vai vassoura atrás. Ao fim se cerca de vinte minutos de treino, o gato apresentava cansaço e resolvemos libertá-lo, abrindo uma porta que dava para a lavandaria e logradouro das traseiras do prédio, tendo o mesmo saído rapidamente. Porta fechada e lá nos fomos deitar. Pela manhã do dia seguinte, alguém comentou que tinham andado de noite na cave a fazer barulho, mas ninguém sabia de nada. Eu que costumava lavar-me na lavandaria, que ficava no exterior, ao chegar a esta vejo o gato morto à chuva. Senti cá uma atrapalhação que ainda hoje não consigo descrever. Passados esses momentos de pânico, e enquanto algum colega não aparecesse, resolvi esconder o corpo do gato. Peguei nele e pu-lo no latão junto com o lixo que ia ser posto na rua ao fim do dia. Cerca das dez horas da manhã, uma das lavadeiras começa a gritar com toda a força, dizendo que estava uma criança morta no latão. Ainda era o vinho do dia anterior e a água ardente da manhã, daquele dia que já não a deixavam distinguir o corpo de um gato do de uma criança. E porquê tudo isto? Apenas por ter sido perdido um objeto de ouro de uma hóspede. Como não aparecesse, recorreram, como última hipótese, ao lixo do dia anterior. Logo a Hortênsia Mesquita tomou conhecimento. Logo todos os possíveis "criminosos" foram chamados ao escritório, como se ela fosse agente da autoridade policial, e todos negaram. Voltaram a ser chamados e ameaçados de serem despedidos e mais do que isso, mover uma ação em tribunal, por se ter morto um gato. Houve o primeiro confesso e daí também entrei. A todo o custo queria a confissão de quem matou o gato. Tantas foram as vezes que me perguntou e ameaçou para saber quem matou o dito animal, que acabei por responder bruscamente:

"Ninguém matou o gato, ele é que morreu!"

Esta afirmação deu mais ou menos em riso e a tempestade naquela casa, que já durava há três dias, acabou por passar sem consequências dignas de registo.

. * .

No ano de 1958 dá-se o grande fenómeno político da época. O aparecimento do candidato à presidência da república; General Humberto Delgado. Pela sua posição anti-salazarista é reconhecido rapidamente como o líder da oposição, criando a esperança num ápice, em muitos milhares de portugueses, aí começam os problemas para os elementos do regime em vigor. Eu que trabalhava na Messe, local onde se encontravam com mais ou menos permanência, elementos das forças armadas, quer reformados, na reserva ou no ativo, algumas das mais altas patentes, apercebi-me e tomei real conhecimento das mais diversas opiniões e reações, desses mesmos elementos, em relação ao apareci-mento de uma situação política nova que começou por abalar, de certa maneira, o espírito de alguns militares. Essas conversas, que por vezes ouvia até sem querer, e que de alguma forma eram feitas mais ou menos recatadamente, levaram-me a ter as pri-meiras noções sobre política. Muito naturalmente, e não sei porquê até hoje, simpatizei com a figura do general Humberto Delgado. Tinha eu então, dezassete anos de idade. Funcionário público que era, condi-ção essa que não me afastava dessa simpatia. Mesmo assim, consegui acompanhar de perto os maiores acontecimentos ocorridos na Praça da Liberdade, Avenida dos Aliados, Praça de D. João I e a zona da estação de S. Bento. Todas as noites ia para esses locais, normalmente acompanhado por dois ou três colegas de trabalho. Por vezes, a polícia, que se encontrava em grande número de agentes nestas zonas, era assediada por grupos de pessoas que se encontravam à distância. Assim, investiam de cassetete em punho, batendo em quem encontravam pela frente, na maioria, pessoas que passavam ou paravam para ver os acontecimentos, pois os provocadores já estavam longe. Por acaso nunca apanhei nenhuma recordação, embora junto de mim, alguns apanharam e de que maneira. Possivelmente, essa sorte teria resultado do facto de eu usar a farda de trabalho na Messe que era semelhante à dos oficiais do exército, quer na cor quer nos botões. Fui uma vez até à sala da candidatura de Humberto Delgado que funcionava na Praça de Carlos Alberto. Ali fui só. Os colegas de trabalho ficaram à distância, não tiveram coragem de lá entrar. Em resultado dessa visita, trouxe comigo alguns panfletos e fotografias tipo selo para colar. Num desses dias mais agitados, em que os grupos começaram a ser muito grandes, e a polícia já começava a ser pouca para fazer dispersar, mesmo com os canhões de água e os de tinta para marcar bem as pessoas que fugissem, entrou também em ação a GNR a cavalo. Dessa maneira, os assédios às forças da ordem aumentaram na mesma proporção, sendo cada vez mais as corridas de uns e outros, e dos consequentes avisos através dos altifalantes do carro da PSP para a dispersão imediata, o que motivava a deslocação das pessoas de um lado para o outro. Uma noite em que a perseguição da polícia foi mais a sério que o habitual, tendo nós de fugir da Avenida dos Aliados, seguindo pela avenida da ponte até à Rua Chã, onde alguém, que vivia num dos últimos andares, vendo um grupo de polícias de arma na mão, resolveu atirar uma bacia de água que por má sorte deles os atingiu. Imediatamente, deram três tiros enquanto outros procuravam arrombar a porta da rua, que naturalmente não era essa a porta certa. Entrámos à pressa num dos cafés existentes nessa rua. Enquanto a polícia entrava por outra porta, fomos para um dos andares superiores jogar bilhar. Cerca de trinta segundos depois, chegaram dois polícias que não vendo nada de anormal se foram embora. Fomos sempre observadores e nunca provocadores, mas nem sempre havia hipótese de fugir e algumas vezes não ganhámos para o susto. Caso tivéssemos algum problema com a polícia, o nosso emprego estava em risco. Éramos funcionários da Manutenção Militar, portanto dependentes do Ministério do Exército.

Com a agitação, o Comandante da Primeira Região Militar começou a receber todos os dias à noite, comunicação telefónica do Ministro do Interior para ouvir o SITREP e, também, transmitir as instruções. O General Comandante, atendia o telefone no gabinete do gerente, para que ninguém ouvisse as conversas. Apenas eu as poderia ouvir através do PPC. Numa dessas noites, fui chamar o general ao telefone, que se encontrava a jantar. Em sua substituição mandou o seu ajudante de campo, Tenente de Cavalaria, D. Gustavo Cristóvão de Moreira, da Casa Santo Antonino de Cabeceiras de Basto, de quem mais à frente falarei. Pela conversa, o caso era complicado. Então, D. Gustavo foi chamar o general. Como o general falava alto e estava a atender na cabina da portaria, deu para perceber tudo o que se estava a passar. Tratava-se do oficial de dia ao Quartel-general, já nessa altura instalado onde se encontra ainda hoje, a informar que, segundo telefonema da GNR havia ajuntamento de pessoas em Paços de Ferreira, pois constava que Humberto Delgado ia deslocar-se à localidade e o posto daquela força policial já não controlava a situação. Seguidamente, telefona o oficial da GNR e o general pergunta-lhe se já tinha enviado reforços para lá. Pelos vistos a resposta fora negativa, a concluir do insulto proferido por aquele oficial general. Logo de seguida manda-me ligar para o Regimento de Infantaria 6 e ordena ao oficial que o atende para que saiam tropas. Manda vir o seu carro que já tinha dispensado e dá ordens ao seu ajudante de campo para instalar uma metralhadora no mesmo. O homem não tinha medo porque durante a primeira grande guerra, já tinha sido ferido, fazendo disso um símbolo. D. Gustavo que era muito calmo e pachorrento, com o seu sobretudo pelas costas, e sempre torto, quase a arrastar de um lado pelo chão, não ligou importância à ordem do seu superior e sai da beira dele como se estivesse a tratar do assunto. Logo de seguida, o mesmo D. Gustavo comenta o caso com o Coronel Cascata Souto, comandante da PSP do Porto, que também tinha sido chamado pelo general, de nome Gervásio Conceição, de quem tenho estado a falar. Em resposta ao assunto, disse Cascata Souto, que a ideia da metralhadora no carro já lhe ia passar e era igual à mesma que tinha feito no 28 de maio em Braga. Mais telefonemas se seguem, pelos telefones civil e militar e no meio de uma autêntica revolução de chamadas, o general dá ordem de suspensão e recolha das tropas.

As coisas não estavam muito boas em relação às manifestações de apoio ao general Humberto Delgado. Basta ver a manifestação em Braga de que resultaram pelo menos treze feridos em recontros de manifestantes e a polícia. Até os próprios comunistas estavam desorientados, uma vez que tanto tinham trabalhado para derrotar Salazar e de um momento para o outro aparece um homem que até era merecedor da confiança do regime, basta ver a sua carreira, e num momento consegue fazer tremer o país de norte a sul a seu favor. Isto para os comunistas também era um perigo, porque já ninguém falava neles, mas sim no Delgado.

A candidatura dele não serviu para nada, a não ser ter contribuído para a sua morte prematura, pois o sistema esteve forte até próximo da morte de Salazar.

Por esta ocasião da alteração política, o general comandante da 1ª Região Militar recebeu carta com ameaças. Não se soube quem a escrevera, pois a mesma era anónima como seria de esperar. A partir desse dia, toda a correspondência que entrava naquela casa, antes de ser distribuída aos hóspedes ou empregados, ia para o gabinete do capitão-gerente, que fazia a análise. Pelo que me apercebi, este nunca abriu nenhuma delas e também não era serviço que gostasse de fazer. O general que andava com medo e com os olhos postos numa jovem estudante de medicina, de vinte e dois ou vinte e três anos, implicava com tudo, principalmente com o grupo de homens, alguns ainda estudantes, que eram das relações de amizade da rapariga. Este caso foi evoluindo e quando mais se aproximava da moça, que se viu envolvida, talvez sem ter contribuído para isso, até nem era aquilo a que se possa chamar bonita, o homem mais implicava. Chegou mesmo a ordenar que quando entrasse na sala de jantar, toda a gente se levantasse. No meio destas peripécias todas, alguém se lembra de aconselhar a esposa do general, senhora muito doente e que se encontrava em Alcobaça, para vir ao Porto passar uns dias com o marido. Este ao ver a esposa junto de si ficou desvairado. Por um lado não queria melindrar a senhora, por outro não se queria afastar da estudante. Alguns dias depois, a jovem foi de férias e tudo voltou à normalidade, embora a perturbação ficasse por mais algum tempo no espírito do general, bastando para isso atender ao seguinte. No dia seguinte à saída da moça, depois da hora de almoço, chegou um indivíduo à Messe que se identificou como Major e disse querer falar com o general Gervásio Conceição. Dito isto, eu, que ainda continuava a ir dar os recados aos hóspedes da Messe, fui à procura do general que encontrei na sala de estar em conversa com outros oficiais. Transmiti-lhe o recado. O homem, não sei porquê, começou a disparatar com azedume, que me mandava prender, pois ele não podia ser incomodado, não atendia ninguém que não tivesse chamado. Manda chamar o capitão-gerente da Messe e faz-lhe queixa de mim. Lá entra novamente D. Gustavo a confundir as coisas até que a onda da maluqueira passasse. Eu até nem era militar e para todos os efeitos era de menor idade, pois ainda não tinha atingido os 21 anos, apenas tinha 17 anos de idade e doidos varridos já eu colecionava aos montes.

. * .

Não éramos só nós que fazíamos burrice, o próprio general também a fazia. Entre muitas outras, vou narrar uma que considero das mais estúpidas. Ao fim da tarde, regressava à Messe, no carro oficial pela Rua de Entreparedes. Ao chegar à Praça da Batalha, o sinaleiro que se encontrava a dirigir o trânsito, encontrando-se de costas para aquela artéria, manda parar o tráfego daquela rua ao que o condutor obedeceu. Seguidamente, o sinaleiro manda seguir os carros elétricos que vinham para a Rua Alexandre Herculano, enquanto o carro do general ficava à espera da ordem de avançar. Então, aquele oficial começa a protestar dentro do veículo, dizendo:

"Toda a gente passa à frente do general!... São elétricos, são carros e são burros!", isto porque tinha passado à sua frente uma carroça de tração animal.

O seu carro não tinha ordem de seguir, por ainda estarem a circular os que vinham da Rua Augusto Rosa. Furioso, dá ordem para buzinar, o que foi cumprido imediatamente pelo primeiro cabo condutor. Só então o sinaleiro se apercebeu da situação. Manda seguir rapidamente. Ao passar pelo agente regulador, manda parar o veículo e ordena ao agente que se apresente na Messe. Ao chegar à portaria diz para o seu ajudante que tirasse o nome e o número ao polícia. Logo a seguir vem o sinaleiro, todo nervoso, começando por explicar a D. Gustavo que não tinha reparado no carro embora o mesmo ostentasse a bandeira. D. Gustavo tomou nota e disse que ia ver o que poderia fazer, metendo de seguida o papel no bolso. Passados alguns minutos, o general pergunta-lhe pelos elementos, naturalmente, para comunicar ao coronel Cascata Souto que ia lá jantar nessa noite. Como sempre, D. Gustavo anda para trás e para a frente, sempre a falar e a não se perceber nada do que dizia, acabando o general por se esquecer da situação, contribuindo para que o polícia-sinaleiro ficasse livre de semelhante praga.

. * .

O general Gervásio Conceição, uma das vezes que entrou para o seu carro, deixou uma perna de fora. Quando a sua ordenança ia para fechar a porta do automóvel reparou e ficou à espera que o seu superior a retirasse para o interior. Aquele oficial, ao ver a atenção com que estava o seu subordinado, recolhe a perna e diz:

"Era só para saber se querias magoar o teu general!"

Na Praça da Batalha existia uma livraria e tabacaria onde se podia comprar um determinado tipo de cigarrilha que o general por vezes usava. Um dia, diz para o seu novo impedido que as fosse comprar. Passados uns minutos ele volta dizendo que não havia. Desconfiando que o rapaz não tivesse ido ao local certo fazer a compra, o general pergunta-lhe:

"Também foste ao meio do mar e não viste água?"

. * .

Motivado pelos acontecimentos políticos das eleições de 8 de junho de 1958, deram-se violentas discussões entre o oficial general e outros, tendo sido a maior entre ele e o Major Marcelino Rodrigues, na madrugada do dia 22 de maio daquele ano, no salão nobre do QG, por causa da apreciação de um discurso político. O certo é que o referido major foi parar a uma casa de saúde da cidade do Porto, acometido de ataque cardíaco, embora não fosse por esse motivo que ali recolheu, segundo os comentários feitos no meio militar da Messe nesse mesmo dia.

O general Gervásio Conceição quase todos os dias me pedia para ir buscar um café fora da Messe, pois ali não havia coisa que ele gostasse. Recomendava sempre que viesse bem quente, o que dada a distância de onde vinha nunca estaria muito quente. Assim, eu dizia sempre ao dono do café que me atendia:

"Quero um café a ferver, mas que esteja quente, pois o senhor general reclama. O homem do café teimava sempre comigo, dizendo: "Se está a ferver tem que estar quente!"

Um dia de manhã, a máquina do café ainda não tinha a água muito quente, pelo que tive de esperar mais uns minutos. Ao chegar perto da sala onde sua excelência estaria à espera, e indo quase a correr com a bandeja, encontro o mesmo no cotovelo do corredor, vindo na minha direção. Por causa do reencontro repentino, quase se entornava a chávena com o líquido sobre ele, que por sua vez vinha reclamar da demora. Nesta aflição instantânea, o senhor exclama:

"Demorou!... e já ia?..."

Em abril de 1959, o general Gervásio Conceição passaria à situação de reserva e em fevereiro anterior àquele mês, foi mandado apresentar em Lisboa. No dia em que se despediu da Messe, e enquanto esperava que a sua bagagem fosse arrumada no carro, o general esteve na receção em conversa, muito satisfeito, dizendo do que poderia ter sido a sua vida, se não tivesse escolhido a carreira militar, nada fazendo prever que estaria muito doente.

Na casa de sua filha em Lisboa adoeceu na madrugada do dia 20 de fevereiro, dia seguinte à sua chegada, e morre no Hospital Militar da Estrela. Recebida a notícia no Porto da sua morte repentina, começaram os boatos, visto que nessa altura era ministro da defesa nacional o general Marcelino Rodrigues, familiar do citado major Marcelino Rodrigues.

Na Messe nessa semana, foi um período de

consternação pela sua morte e pela do almirante Gago Coutinho, a 19 de fevereiro, personalidade muito respeitada no meio militar da época.

. * .

Na parte nova da Messe existia um monta cargas que ligava a copa aos andares superiores e à cave, que se destinava ao transporte de comidas para os hóspedes que tomavam as suas refeições nos quartos. Como a casa das máquinas estava situada na sala onde os empregados masculinos almoçavam e jantavam, eu comecei por dar uma espreitadela a ver o funcionamento daquele equipamento. Assim, logo pensei em fazer alguma coisa de especial. Na hora do jantar e, sendo meu dia de folga, pelo que tinha mais tempo para estar ali, avistei uma das minhas colegas que veio buscar um jantar para levar para o segundo andar. Fui para a casa da máquina e logo que ela mandou o elevador para cima parei-o e puxei-o para a cave. Como ela tinha de subir as escadas até ao cimo, deu-me tempo a que tirasse o tabuleiro e mandasse o elevador novamente. Quando ela chegou, abriu-o e verificou que nada havia lá dentro. Atrapalhada, volta para baixo e protesta com os colegas da copa, solicitando que lhe dessem o tabuleiro. Entretanto fiz a operação contrária, mandando o elevador para cima com o jantar. Após algumas trocas de palavras de "nós não temos nada, nós não sabemos nada", alguém se lembra de chamar o elevador para se certificar da veracidade da reclamação. Assim que o abrem e veem lá dentro o jantar, começam a insultar a rapariga, dizendo que ela estava tola e bêbada. Ela nem bebia álcool. Um dia, por outras brincadeiras, alguém ainda disse que suspeitava de quem tinha feito aquilo.

. * .

Entre os que procuravam D. Gustavo, uma tarde veio um soldado recruta, fazer uma visita àquele senhor. Como era regra da casa, mandei-o tirar o bivaque e ficar à espera, enquanto o mandava anunciar. Ao fim de uns minutos, apresenta-se, para ir ao telefone, um Tenente-Coronel que vinha fardado. O soldado ao ver aquele oficial com tantos galões e tão perto de si, ficou tão atrapalhado e não se lembrando de que estava em cabelo, fez a continência, mas, como estava com o bivaque na mão direita, fê-la com a mão esquerda. Eu fiz um esforço dos diabos para não me rir alto, enquanto o oficial se virava para ele e lhe fazia algumas perguntas, a que o soldado respondia a tremer.

"Há quanto tempo andas na tropa?"

"Há três dias!"

"Fica a saber que a continência não se faz com a mão esquerda, e também não se faz quando se não tem o bivaque na cabeça. Mas vale a boa intenção."

. * .

Um dos clientes periódicos da casa era o Capitão Geraldino Anacleto, cuja idade já ultrapassava os noventa anos. Depois de almoçar, este oficial ia sempre dormir a sesta. A sua vida era só essa ou colecionar tampas de caixas de fósforos. Numa das vezes em que vai em direção ao quarto para se deitar, um dos amigos, o Capitão Dr. Constantino Lopes, diz-lhe:

"Geraldino, vais-te deitar depois do almoço? Qualquer dia morres..."

O visado que já ia a subir a escada, vira-se para trás e responde-lhe:

"Se com esta idade não faço nada para isso, quando é que vou morrer?"

Outra personagem periódica era o Brigadeiro Silva e Castro, da arma de artilharia. Quando estava a fazer a inspeção ao RASP 2, na Serra do Pilar em Vila Nova de Gaia, à noite, vinha sempre conversar comigo e contava sempre a mesma coisa, enquanto a sua mulher estava a jogar as cartas com outras senhoras, o que, pelos vistos, ele não apreciava muito, comentando sempre o mesmo:

"Aquele paiol do quartel é um perigo! Precisa de ser mudado. Se rebenta, nem o Porto se aproveita. Eu escrevo sempre isso!"

Numa das noites, cerca das 22 horas, disse para a esposa que se ia deitar, (ocupava o quarto número 18, o dito quarto de ministro, de que ele gostava por possuir as melhores instalações), enquanto ela ficava a jogar. Passados 30 minutos, quando ela entra no quarto e viu o marido caído junto à cama e mesa de cabeceira, sai para o corredor aos gritos a que acorri rapidamente. O marido estava morto. Chamei o médico. Tentaram ainda a reanimação, mas nada havia a fazer. Depois que tomou conhecimento real da situação, esta senhora não mais se aproximou do corpo e dizia que nunca mais o queria ver. Após conversas entre alguns militares presentes e telefonemas para a família que se encontrava em Lisboa, ficou entendido chamar uma ambulância militar e levá-lo para a capital, onde ele viria a falecer novamente, segundo o jornal, para que fossem vencidas as burocracias na transladação de um morto.

. * .

Um hóspede permanente que aquela casa tinha, já há muitos anos, era o brigadeiro Sousa e Moura. Este senhor, já com bastante idade, continuava a levar uma vida que fazia inveja a qualquer outro jovem oficial. Por princípio, era sempre o último a deitar-se e o último a levantar-se. Assim, como regra, saía do quarto por volta das quatro horas da tarde e lanchava, o que correspondia ao pequeno-almoço. Vinha ao piano tocar duas ou três músicas, das quatro ou cinco que sabia de cor e depois do jantar, saía para as boites, só regressando de madrugada, entre as quatro e as seis horas, acompanhado por uma mulher não residente. Rica vida!

. * .

Dada a minha curiosidade em todas as coisas, muitas das quais vi nos cinemas que frequentei, fazia o possível para ir ver filmes, saindo a correr da Messe, pois o horário da minha saída do emprego coincidia com o início das exibições. Isso tornou-me conhecedor de uma realidade da vida que qualquer outro meio, na altura, não o fazia. Com esses conhecimentos obtidos, tinha capacidade de diálogo sobre diversos assuntos técnicos que outras pessoas de mais idade não acumulavam. Por esse motivo, alguns dos hóspedes da casa pretenderam transmitir-me ainda mais conhecimentos sobre aquilo em que eram especialistas, como por exemplo, três mais interessados, senhor Comandante Serafim António, Comandante Carreira e o engenheiro Costa Fernandes. Muito me ensinaram sobre eletricidade e eletrónica, entre outras coisas. Com muitos destes conhecimentos acabei por construir uma miniatura da ponte Luís I, com cerca de 8.600 paus de fósforos e a respetiva iluminação que tinha na altura. Quando fui para a tropa deixei-a a guardar, perdendo-lhe o rasto e nunca mais fora encontrada.

. * .

Quando em 1955 começou a era dos foguetões, eu vivi esse avançar da técnica com muita emoção. Achava maravilhoso todo aquele saber que o homem tinha atingido. A dado momento, resolvi também fabricar um mini-foguetão rudimentar para saber qual o efeito. Construído em chapa galvanizada, com cerca de 30 centímetros de altura, apoiado em tripé fixo. Depois de construído foi preciso pensar em carregá-lo com matéria inflamável o que também não foi difícil; algodão, sal, cabeças de fósforo. Finalmente, faltava o rastilho que fiz com os fósforos colados uns aos outros. Numa das noites, cerca das 21 horas, resolvi fazer a experiência nas traseiras do edifício da Messe. Rastilho aceso e aí vai ele. Subiu com tanta velocidade que nem consegui acompanhar a sua trajetória. Talvez devido a inclinação, raspou pela parede acima, que era revestida de lousa, provocou um ruído enorme, tendo virada para os terrenos do Parque das Camélias, enquanto os hóspedes vinham a correr espreitar às janelas para se inteirarem do porquê daquele barulho.

. * .

Apesar do General Soares Fontelo ser um indivíduo muito temido pelos seus feitos como ministro, também tinha o seu lado fraco e era amigo de quem o estimava. Quando em 1956, o Futebol Clube do Porto ganhou o campeonato nacional de futebol, aquele oficial, ao passar pela cidade do Porto, dirigiu-se à Messe de Oficiais para dar os parabéns ao chefe de mesa pelo acontecimento. Sabia que ele era adepto fervoroso do Porto, conhecimento que obtivera das vezes que ali estivera hospedado. Quando entrou na sala que estava quase cheia de oficiais e seus familiares, assim que foi identificado, toda a gente se levantou quer estivessem de acordo com ele ou não. Cumprido o desejo e apesar das insistências do chefe de mesa para que ficasse para almoçar, não o fez, saindo rapidamente. Neste meio, quando se referiam àquele oficial, e em sinal de desdém, chamavam-lhe o "Pelo de Rato", motivado pelo seu cabelo levantado e curto.

O general Soares Fontelo que foi braço direito de Salazar para a estrutura militar, tendo ocupado várias pastas, entre as quais as de ministro (ver anexo dois) e dada a disciplina imposta aos militares sobre a sua alçada, foi a pessoa mais detestada de todos os militares que conheci.

Normalmente, quando se deslocava ao norte do país, ia hospedar-se em casa do Dr. Vasco Silveira, de quem era muito amigo, cuja amizade já vinha do pai deste; Mário da Fonseca Vasco Silveira.

Na proximidade da votação em que saiu "vencedor" Américo Tomás, o general Soares Fontelo, que era uma pessoa com muito medo e cauteloso, não foi nem para a casa do dito doutor nem para a quinta, indo pernoitar no quarto nº 18, no primeiro andar da Messe, que se destinava a ser ocupado por ministros, ficando em quartos anexos os seus dois oficiais às ordens, um dos quais era maricas. Nessa noite, eu estava a trabalhar em serviço noturno e verifiquei que naquela zona da Messe tudo estava bem guardado. Polícias de Segurança Pública e agentes da PIDE passeando de um lado para o outro, os primeiros com pistolas-metralhadoras.

. * .

Voltemos agora à Hortênsia Mesquita. Com a agitação política que se passou a viver na Messe, a referida senhora também não podia deixar de entrar em cena. Era Salazarista de primeira escolha. Não sei se tinha recebido essa influência do pai ou se se devia ao facto de ser muito amiga do Capitão Norberto Castelo e da esposa, que era na altura, o Diretor-Geral da PIDE, que frequentavam muitas vezes a Messe. Admira-me ainda hoje, como um homem daqueles, considerado por todos muito boa pessoa, educado e calmo, fosse o primeiro responsável por uma organização, que naquela data, só inspirava terror e mal-estar em todas as pessoas, já não podendo dizer o mesmo do subdiretor, tenente-coronel Antero Rodrigues, que era muito mais ativo. Possivelmente, haveria um comando indireto por parte da esposa, que era muito ativa e nacionalista. Chegaram algumas vezes a irem todos juntos a Espanha, pois para passarem na fronteira não havia entraves, independentemente daquilo que trouxessem, quaisquer deles.

. * .

Com o aumento do apoio a Humberto Delgado e na hipótese de este vir a ganhar as eleições, (ilusão anedótica, pois nem votos para isso eram distribuídos) os privilégios de alguns começaram a correr riscos. Então, a Hortênsia Mesquita, como sempre no topo do pessoal e na orientação das suas ideias e não daqueles, resolveu enviar uma mensagem de apoio político a Salazar, já que muitas vezes lhe escrevia. Começou por chamar ao seu gabinete de trabalho, os seguintes funcionários: Manuel Gomes, chefe da portaria e por consequência o meu chefe direto; José Matias, chefe da cozinha; Saramago, chefe de mesa; Baeta, chefe da copa e a D. Alice, supervisora do pessoal. Prontamente, e como não podia deixar de ser, todos eles tinham assinado o juramento em que pela sua honra declaravam nunca ter pertencido e jamais virem a pertencer aos ideais comunistas. Aí, Salazar tinha razão, o comunismo foi e é o maior fracasso político da humanidade.

Como os empregos daqueles corriam perigo por causa de uma recusa, todos deram a sua concordância imediata. Outra coisa não seria de esperar independentemente da sua opinião política pessoal.

Aqueles chefes de serviços, ao passarem a palavra aos seus subordinados, receberam algumas negativas. Prontamente, vieram informar a referida senhora que começou por mandar chamar todos, um de cada vez, e mentalizá-los. Estava conseguida a unanimidade na assinatura para o apoio a enviar, faltando apenas eu, que por acaso fui chamado em último, apesar de ser o que estava mais próximo. Após um chá de moralidade, e quando me foi dito para assinar o documento, recusei pura e simplesmente. Como não gostou da resposta, mandou-me sair e chamou logo todos os chefes atrás referidos. Passadas algumas horas, voltou a chamar-me ao escritório e voltei a dizer que não assinava. Indignada pela recusa, ela que nunca as aceitava, gritou e pôs-me fora do gabinete, o que agradeci. No dia seguinte, já que se aproximava o dia das eleições, dois dos referidos chefes, vieram falar comigo, pedindo-me que assinasse o documento de apoio a Salazar. Eu até não tinha nada contra ele, mas entendia que cada um deveria ser livre de escolher os seus ídolos, mandando ou não mensagens. Da parte de tarde, desse dia, depois de nova reunião com eles, voltou-me a chamar para assinar. Ali, estavam presentes testemunhas para o que fosse preciso. Tanto insistiu comigo, e como mantivesse a recusa, quis saber qual o motivo por que não assinava. Já cansado de tanta conversa, respondi-lhe que tinha ouvido dizer que quem assinasse propaganda subversiva ia preso. Ficou furiosa e começou aos gritos de histeria, querendo saber quem tinha feito tal afirmação. Como nada conseguiu, pôs-me fora do gabinete e proibiu-me de lá ir, o que até gostei. Infelizmente, esse castigo durou pouco. Foi um princípio de junho para esquecer. Pior que aquilo que referi aconteceu logo a seguir. Quando visitei a sala de candidatura de Humberto Delgado trouxe comigo panfletos e emblemas com a imagem do candidato. Por ignorância do perigo que corria ou por tendência de oposição, colei uma dessas fotos de Delgado dentro de um porta moedas, que na época era muito usado pelos homens. Para fazer uns trocos no pagamento de um telefonema a Lisboa, à esposa do Tenente-Coronel Ramalho Ortega, nessa altura hóspedes da Messe, abri o referido porta moedas tendo ficado à vista a fotografia do candidato da oposição. A senhora, ao vê-la, teve uma reação como a do Diabo ao ver a Cruz a bater-lhe nos cornos. A mulher começou logo a disparatar comigo:

"Não se admite, um funcionário do estado e comunista!"

Talvez nunca tenha sabido que nunca o fui, não sou e jamais o serei, a não ser que perca as faculdades mentais.

Aquela foi logo chamar o marido para confirmar tal situação. Dentro de alguns minutos, toda a gente ficou a saber da história. Comecei a ser mal visto por uns e mais ou menos aceite por outros. Cerca de uma hora depois fui chamado ao gabinete do oficial-gerente, que começou por me dar a entender que estava metido em maus lençóis, pois tinham-lhe pedido para que fosse logo demitido do emprego e entregue à PIDE. Sorte a minha, foi a do oficial, por quem ainda hoje tenho a maior admiração, também ter a mesma inclinação para o general Humberto Delgado, o que disfarçava muito bem. Aconselhou-me a destruir tudo o que tivesse, pois, caso contrário, uma vez considerado anti-salazarista, tinha de proceder de acordo com as normas, dado que podia vir a ser acusado de conivente.

Delgado não ganhou as eleições por elas não terem sido livres, mas o abalo político criado deixou marcas profundas entre os militares.

. * .

Depois de todos aqueles percalços, ainda não fiquei com medo suficiente e mais uma vez resolvi brincar. Como estava muito ligado ao Furriel e ao 1º cabo, condutores do carro do general comandante da região militar, ao seu ordenança e ao seu impedido, os quais tinham apenas mais três anos de idade do que eu e, normalmente lhes transmitia as ordens do seu comandante ou do seu oficial às ordens, mantínhamos uma elevada amizade. Uma noite, pelas vinte e uma horas e trinta, no final do meu horário de trabalho e indo dispensar o carro que ia recolher à garagem do antigo quartel-general, que se situava na rua Augusto Rosa, a pouco mais de cem metros da Messe, resolvi ir também no carro. Por precaução, o carro deu a volta e eu entrei ao lado do Teatro S. João. Com o furriel a conduzir e a ordenança ao lado, sentei-me no banco de trás, junto à porta e corri o estore traseiro. Fomos dar uma pequena volta por ruas onde havia alguma agitação com polícias e populares. Com a mão direita agarrada à pega por cima da porta, a fim de não se ver que na farda não tinha galões ou estrelas, já que de resto a minha farda era igual. Depois, disse para o motorista:

"Nunca pares e toca a buzina assim que vires

alguns polícias."

E lá fomos nós de viagem, com a bandeirinha na frente do carro para chamar a atenção. Assim que passaram sete ou oito minutos e quando a polícia mandava parar o carro e se apercebia simultaneamente que seria o general em trânsito, eram só apitadelas a mandar seguir e a fazerem continências a torto e a direito. Chegámos ao fim sem quaisquer incidentes, mas todos transpirávamos pelo medo daquilo que se passou. Depois, ao entrar na garagem, pensámos no risco que corremos e de tal maneira foi que a ordenança foi logo a correr para o quarto de banho, mal o carro parou. No dia seguinte só nos ríamos de tanta burrice.

. * .

Fale-se agora de D. Gustavo de Moreira.
Tenente de Cavalaria, como já referi. Foi ajudante de
campo de diversos oficiais generais comandantes da
Primeira Região Militar, com o seu célebre monó-
culo, como o então major Spínola também já usava.
Foi também o mentor da criação do museu militar
do Porto, que nunca viu concluído. Considerei-o o
militar mais apaziguador e o mais humano de todos
os outros. Para ele tudo estava bem. Pena é que os
habitantes da sua terra, não tenham conseguido
prestar-lhe a homenagem que ele merecia.

Durante os seis anos e meio que convivi com
ele, verifiquei que era muito procurado por pessoas
de Cabeceiras de Basto, a fim de interceder junto de
quem de direito para que, concorrentes à Polícia de
Segurança Pública, Guarda Nacional Republicana,
ou Guarda Fiscal, fossem admitidos. Algumas vezes
foi a expensas suas, do Porto a Lisboa, para fazer
esses pedidos. Gostava simplesmente que lhe dissessem
que tinham sido admitidos para que pudesse fazer o
agradecimento a quem tinha ido incomodar. Nada
mais pretendia e ficava muito zangado quando lhe
traziam alguns presentes. Com o hábito de ser
procurado, tornou-se comum conhecer as pessoas à
distância quando vinham para falar com ele. Eram

normalmente pessoas humildes e a medo faziam sempre a mesma pergunta:

"Está o senhor "Tineente Moreira?"

Quando na portaria da Messe de Oficiais se visse quatro ou cinco malas de couro, todas velhas e amarradas com cordéis ou arames, já se sabia que era D. Gustavo que chegava ou ia de férias.

D. Gustavo de Moreira, como ele gostava que o tratassem, tinha muita vaidade em receber pessoas ilustres na sua casa de Santo Antonino, quer fossem da realeza ou mais tarde da república. Em certa ocasião, convida o senhor general comandante, para lá ir passar uns dias. Foi dada ordem ao militar que fazia ordenança ao gabinete daquele oficial general que fosse levar o cavalo a Cabeceiras de Basto. Para cumprimento da ordem, o militar deslocou-se ao Regimento de Cavalaria 6 para levar o dito animal. Chegado ali, foi buscá-lo à cavalariça, pois já conhecia o local onde ele estava estacionado. De seguida, dirigiu-se para a estação de Campanhã para seguirem de comboio até Braga e dali até Cabeceiras de Basto. Tinham que ir os dois a pé. Como o guia do animal não percebia mesmo nada de cavalos, ao tentar metê-lo dentro do vagão, este não entrava. Tanto teimou que um funcionário dos caminhos de ferro vendo o espetáculo que os dois faziam, foi junto deles e disse para o militar que não precisava de dizer que nada sabia daquilo. Toma o cavalo pelas rédeas, dá-lhe a volta e a recuar entrou logo.

"Afinal é tão fácil!" – exclamou muito admirado.

Quando já estava mais cansado que o cavalo, por irem a pé, de vez em quando montava-o, mas sempre com medo que aparecesse o seu comandante que viria de carro. Chegado à Casa de Santo Antonino, que bem conhecia por ser natural daquela terra, e sendo mais um dos protegidos do senhor D. Gustavo, foi entregar o animal todo contente por ter chegado a bom termo com a sua missão. Mal aparecem os dois oficiais, eles perguntam-lhe simultaneamente:

"De quem é esse cavalo?"

"Este é o cavalo de Vossa Excelência!", respondeu.

"Não, esse não é! O meu estava ao lado desse!"

O rapaz tinha entrado pela porta do lado contrário ao costume e pegara o animal errado que era muito parecido sendo o que pertencia ao comandante do regimento.

Aqui há dois anos, em conversas com o autor da troca, sobre este assunto, ele ainda diz com certo ênfase:

"Mas que grande bronca!... Nunca nada assim me aconteceu na vida!"

. * .

Voltando agora ao ano de 1953. D. Gustavo de Moreira estava habituado com o general Miguel Lucas Sousa, que ocupava o quarto número vinte e cinco, a levantar-se tarde e a ir para o Quartel General que era ali a dois passos, ou a fazerem visitas a unidades da região, sempre a horas tardias, pois a maioria das saídas aconteciam só depois de almoço. Com a substituição do comando, o novo general Antonino Souselas, modificou todos os hábitos de mais ou menos anarquia que reinava a nível superior. No dia da apresentação, manda informar o seu ajudante que ia para o QG no dia seguinte, pelas oito horas e trinta minutos.

De manhã às oito e vinte, o general vem à portaria perguntar por D. Gustavo, seu ajudante de campo, tendo-lhe sido dito que ainda se encontrava recolhido no quarto, que era o número 39. Enquanto que Sua Excelência, foi tomar o pequeno-almoço, comuniquei, através do telefone do segundo andar, à empregada de quartos, que avisasse o hóspede, que o senhor general estava à espera para sair. Precisamente, às oito e trinta voltou a repetir a pergunta. Às oito e trinta e cinco, chega D. Gustavo, muito atrapalhado e espantado como que nem fosse possível estar a acontecer tão cedo. Dirigiram-se os dois para o carro, com o chefe a dizer que os horários e as ordens tinham de ser cumpridos, ao que o ajudante respondia repetidamente: "muito bem, meu general..."

A partir desse dia, o senhor tenente deu ordens para ser acordado mais cedo, pois este comandante não era para brincadeira. Dias mais tarde, tiveram que se deslocar a Lisboa para tratar de assuntos de serviço. A saída fora marcada para as sete e trinta da manhã no carro do comando. Às sete e vinte e cinco, o general vem perguntar pelo seu ajudante de campo, e lá se repetiram as cenas anteriores. Desta vez, o ajudante atrasou-se muito e Sua Excelência deixou recado para ele ir ter a Lisboa, metendo-se no carro, seguindo. Cinco minutos mais tarde, apresenta-se D. Gustavo, mas já era tarde e lá teve de ir para Lisboa de comboio. O acontecimento espalhou-se rapidamente e o senhor general passou a ser muito respeitado, ou talvez temido. Devo dizer que para ele os horários combinados tinham de ser cumpridos.

. * .

Na noite de receção de gala, no Palácio da Bolsa, em 1957 aquando da visita a Portugal de Sua Majestade, a Rainha Isabel II, de Inglaterra, tomaram parte o senhor comandante da Região Militar, sua esposa e D. Gustavo. Todos foram vestidos a rigor, sendo acompanhados pelas suas ordenanças. Os dois oficiais ostentavam as suas condecorações que sobressaíam na farda azul. Como D. Gustavo tinha muitas medalhas e não lhe cabiam todas no peito do lado esquerdo, a sua ordenança levava as restantes num cartucho de papel, daqueles que na época se utilizavam para trazer o açúcar ou o arroz da mercearia para casa.

Aconteceu que a receção, como sempre, em casos do género, atrasou-se muito e o senhor general ficou impaciente. Veio mais cedo embora e deixou o seu ajudante a representá-lo. Muitas entidades presentes não ficaram satisfeitas com essa atitude, mas os horários eram para serem cumpridos. Durante o mandato deste oficial general, os horários do QG e dos restantes quartéis agregados passaram a ser cumpridos com muito rigor, pois o senhor comandante, muito cedo se apresentava em qualquer regimento, por muito longe que ele se situasse. Este senhor, deu-se muito bem comigo e todos os meses me dava o dinheiro para o corte do meu cabelo. Naquela data, o valor da gorjeta a esse título, rondava os cem escudos, que faziam inveja a qualquer um. O meu vencimento era de cento e quarenta escudos, mais alimentação.

. * .

Depois que passei a dormir na Messe, e comecei a ter algum dinheiro das gorjetas que recebia dos hóspedes, passei a ir ao cinema sempre que podia, sendo os principais: Águia d'Ouro, Batalha, Coliseu e Parque das Camélias, embora tenha ido a todos os outros que existiam na cidade. Nessa altura, para a minha idade, a poucos filmes podia assistir, porque os melhores eram para adultos, ou melhor, para maiores de idade. Quando tinha dezassete anos, no cinema do Parque das Camélias, que era o cinema mais piolhoso da cidade, exibia-se um filme, em que a figura principal era a do "Zorro". Este filme até nem mostrava nada de transcendente, mas era para maiores e eu queria vê-lo. Desta feita, para vencer os controladores das entradas, pedi ao soldado que prestava serviço na portaria da Messe que me emprestasse a sua farda. Assim, acompanhado de outros colegas de serviço, que já eram de maior idade, e eu com óculos escuros, lá fomos. Medo foi quanto baste, principalmente porque muitas pessoas ficavam admiradas ao verem um soldado tão pequeno e tão novo. Tudo correu sem incidentes apesar da patrulha da Ronda Militar ter estado no cinema.

. * .

O ambiente entre pessoal e alguns hóspedes era um pouco pesado. Um dia, estava a limpar o piano e, para experimentar, resolvi dar umas notas à sorte, pois para mim, música, era chinês. Nesse momento, passou a esposa de um brigadeiro que foi logo fazer queixa ao gerente, pois eu estaria a estragar o instrumento musical.

Dentro do meu espírito de experiências, também não podia deixar de andar dependurado num carro elétrico para saber como era. Tendo ido à estação de S. Bento, levar a mala de um oficial que ia para Lisboa, ao regressar à praça da Batalha, subi para o estribo traseiro de um elétrico que subia a Rua Santo António, hoje 31 de janeiro. Quando o veículo chegou ao ângulo desta rua com a de Santa Catarina, saltei. Como ia do lado esquerdo, não soube dar o passo certo e caí nos paralelos, feliz-mente sem gravidade, só umas arranhadelas na pele. Cerca de dez minutos depois de ter chegado ao meu local de trabalho, já toda a gente sabia do acontecimento. Fui logo repreendido, embora não fosse minha intenção continuar a fazê-lo, pois já sabia como era cair.

. * .

Durante três ou quatro anos, movido pelos conhecimentos de alguns estudantes de eletrónica, fiz e desfiz rádios de galena, um mineral, com auscultadores ou altifalantes, tendo sido visitado, por acaso, por uma brigada da inspeção da Emissora Nacional que me informava da necessidade de licença para uso de tais aparelhos, desde que tivessem altifalante. Era preciso ter licença de cão, com ele ou sem ele. Depois de contestar que não era razoável tal coisa, pois, constantemente, estavam os aparelhos a ser alterados. Depois de ouvirem as minhas explicações sobre a razão apresentada, foram-se embora sem mais entraves.

. * .

Voltando novamente à Hortênsia Mesquita. Esta senhora que tudo ouvia e tudo sabia, deitava-se normalmente pelas dezanove horas, o que a levava a estar acordada por volta da meia noite, ou acordava ao mais leve ruído. Ela que passou a dormir no primeiro andar após a morte do pai, apercebia-se de todos os movimentos que se passavam ali perto. Muitas vezes, incomodou o empregado de serviço de noite para que não passasse pelas escadas junto ao quarto e utilizasse as outras mais distantes. Alguns hóspedes habituais que já conheciam a pessoa e as suas histórias, nem por ali perto passavam. Como estava sempre atenta a todos os movimentos que aconteciam de noite e, pressentindo movimento anormal no andar superior, levantou-se e foi investigar. Já passava da meia-noite. Perto do quarto número 41, encontravam-se dois ou três hóspedes, que eram estudantes e estavam ali parados em conversa. Desconfiando daquilo, abriu a porta do referido quarto e encontrou a hóspede, sua amiga, Ricardina, mulher do Major Trameu, comandante do batalhão da Guarda Fiscal do Porto, que se encontrava ausente em revista aos postos frontei- riços, na cama com outro homem. Diga-se que o marido era mais velho do que a esposa cerca de 20 anos e bastante doente. Acontecido o flagrante e dado os seus auto-poderes e a sua especialidade em se meter em tudo, na manhã seguinte, foi grande o movimento naquela casa, não poupando a sua amiga. Comunicado o facto ao oficial-gerente, este por sua vez, comunicou-o ao Diretor da Manutenção Militar em Lisboa, seu superior hierárquico, que por sua vez o comunicou a nível superior, já que estavam em causa hóspedes, filhos de oficiais de alta patente militar. Foram feitos processos, com audições dos intervenientes e de testemunhas. Após alguns dias de confusão, foi dada a sentença. Todos os intervenientes no caso, e outros arrastados de outro caso mais ou menos idêntico, foram expulsos por "indecentes e má figura", da qualidade de hóspedes da Messe. Acrescente-se ainda que, a senhora em questão, todos os dias recebia telefonemas de um homem, que por acaso, um dia, consegui identificar como sendo padre e com quem marcava encontros em muitas tardes de dias da semana. Quando o marido estava na Messe, e ela não tinha chegado à hora de começar o jantar, começa por vir à portaria perguntar por ela amiudadas vezes. Depois do flagrante e da sentença, para que o militar não fosse ferido na sua ignorância de marido traído, foi-lhe aconselhado para que se retirasse para a sua terra, cidade de Chaves, pois a esposa sofria de doenças incompatíveis com os ares da cidade do Porto. Assim, na semana seguinte abandonaram o estabelecimento de hospedagem.

Alguns anos mais tarde, por familiar deles, nessa altura deputado da Assembleia da República, soube que, na noite da vigília ao marido morto, ela já se encontrava no quarto anexo ao velório do falecido, na cama com outro homem, este vivo, evidentemente. Produziam tanto barulho que os presentes no ato fúnebre não sabiam se deveriam continuar a rezar: "entre as mulheres", ou "deixai-me ir lá dar uma espreitadela."

. * .

Regressando mais atrás, aos anos de 1953, era eu um miúdo, em idade e em altura, ainda hoje não sou alto. Usava farda da Messe com um boné de tipo cartola baixa, de "groom ou paquete", igual ao que era comum aos rapazinhos que trabalhavam na receção dos hotéis. Não sei porquê, muitas pessoas gostavam de bater com a mão na referida cartola, tipo caixa, o que dada a sua dureza, com a pancada, magoava a cabeça muitas das vezes, enterrando-se até às orelhas, onde empancava, resultante da violência com que alguns batiam. Como acabei por não gostar da brincadeira, logo comecei por pensar na vingança. Com um alfinete que servia para segurar as fraldas de pano aos bebés, dobrei-lhe o bico, pu-lo ao centro da cartola, virado para cima com o espeto de mais ou menos um centímetro, protegendo a cabeça com um cartão duro, cortado ao tamanho do teto.

A primeira vitória de vingança, aconteceu com o general Antonino Souselas, que ao bater se espetou num dedo. Ao verificar sangue, ficou furioso. Entrou logo em minha defesa, o chefe de mesa, que na altura se encontrava na portaria, onde vinha todos os dias, ao almoço e jantar, fumar um cigarro de marca Definitivos.

Aquele colega da casa, nem sempre conseguia fumar o cigarro até ao fim porque, umas vezes punha-lhe água no fundo do cinzeiro, outras vezes, cola nos bordos do mesmo e ainda outras, apanhando-o distraído, cortava-lhe o cigarro com uma tesoura, que tinha sempre de prevenção. Não contando que uma vez substituí o tabaco de um cigarro por cabeças de fósforos. Ao acendê-lo aconteceu uma enorme labareda, quase o ia mandando para o hospital.

Com a explicação dos motivos que me levaram a usar o alfinete, o senhor general acabou por achar graça. Então, a partir daquele dia, o dito senhor sempre que chegava à minha beira perguntava se trazia o alfinete. Um dia ou dois, depois desta cena, ocorreu outra na Praça da Batalha. Ia eu ao quiosque que existia junto da estátua, do lado do cinema S. João, buscar o jornal para a sala de leitura da Messe. Um dos transeuntes que passava por ali a correr, dá uma pancada com tanta força, em cima da cartola, que até as orelhas me ficaram a arder. Até vi estrelas, ao mesmo tempo que ele se virava para trás a vociferar palavrões em ladainha, pois tinha ficado ferido na palma da mão, e de tal maneira foi, que até o alfinete tinha ficado torto, ao ser travado de encontro a um dos ossos. Estas cenas sucederam-se mais ou menos com frequência, até que ao fim de dois anos aproximadamente, deixei de usar esse maldito boné.

. * .

Quando fui para a Messe era gerente o Capitão
Manuel Martins, sendo uma das minhas funções
acompanhar a sua filha Laura Maria que frequentava o colégio N. S. da Esperança, junto ao Jardim de
S. Lázaro. Ela teria na altura uns dez anos. Quando
a ia levar ou buscar, vínhamos de mão dada, para
evitar que ela saísse do passeio e fosse para a rua.
Como fomos crescendo, ela começou a não gostar da
escolta e um dia, soltou-se da mão, tentou atravessar
a Rua Duque do Loulé, e quase ia sendo apanhado
por um carro. Agarrei-a novamente, dando-lhe de
seguida uma bofetada. Escusado será dizer, que
assim que chegou à Messe, a chorar, fez logo queixa
ao pai, que por sua vez me chamou ao gabinete.
Dada a explicação, não ficou muito convencido. Uns
tempos mais à frente, esqueci-me de dar um recado a
um hóspede militar para que esperasse por outro que
vinha jantar com ele. Aconteceu, então, que quando
chegou o outro já tinha jantado. Fizeram queixa de
mim ao senhor capitão-gerente e este, castigou-me
com três dias de suspensão ao serviço. Foi a vingança
na hora certa. Já que não poderia ter sido no
momento anterior, porque eu era empregado da
Messe e não guarda-costas da filha do gerente. Um
castigo daqueles nunca poderia ter sido proposto,

pois eu era de menor de idade. Este senhor oficial, muito zeloso e poupado na sua forma de gerir, conseguiu juntar uma grande verba na conta da Messe junto da CGD no Porto, motivo porque não se alargava muito na alimentação aos seus hóspedes. Após alguns anos de gerência mudou para outro local e, pensando receber um louvor dos seus superiores hierárquicos, moralmente levou uma repreensão, pois toda a gente gosta de ter fartura, e aquela casa não fora concebida para dar lucro.

Quando assumiu a gerência o Capitão José Manuel Marques, portista ferrenho, começou por dar largas à sua imaginação e a alimentação melhorou substancialmente, quer em quantidade quer em qualidade, tanto para os hóspedes como para os empregados, passando a ser admirado por todos quantos ali estavam permanente ou de passagem.

Na noite de consoada, o jantar passou a ser de tal categoria, que nunca mais será esquecido por aqueles que, por motivos de trabalho, ali tinham de ficar, militares ou empregados civis.

.*.

Naquela casa conheci o Major Artur Rafael, na altura Diretor da IGA, mais tarde Inspeção das Atividades Económicas e atualmente ASAE, que mais tarde veio a ser o Diretor da PIDE/DGS, bem assim como alguns oficiais e civis que faziam parte daquela Intendência, entre os quais o Dr. Costa Lopes. Este senhor que tinha morada em Lisboa, passava muito tempo no Porto, sempre acompanhado por mulheres vistosas e que não eram a esposa. Além disso, mandava-me muitas vezes à estação dos Caminhos de Ferro de S. Bento, trocar as requisições de transporte do Porto para Lisboa no comboio rápido e, depois da partida, mandava-me lá outra vez, dizendo que não pôde embarcar, solicitando o reembolso do valor legal. Depois do 25 de Abril, esteve preso, segundo a imprensa diária, por motivos de condução duvidosa nos seus serviços.

. * .

Uma das minhas missões, enquanto trabalhei na Messe, foi a de limpar os moveis da sala de estar e a sala de jogar cartas, tendo que aspirá-las e puxar o lustro ao chão, com uma enceradora elétrica de três escovas. Para que desse muito brilho, fazia levantar a máquina para ela ganhar velocidade, deixando-a cair na corticite, ficando esta a brilhar rapidamente. Muitas vezes, a governanta vinha passar revista e, como ela via mal e usava óculos, quando começava por espreitar muito, aproximava-me dela e bafejava para os seus óculos que embaciando fazia com que ela se retirasse depressa por falta de visão adequada.

Outra das missões era, no inverno, acender a salamandra da sala de estar, partindo a lenha e carregando os briquetes da carvoaria até lá. Normalmente, as pessoas de idade faziam roda junto daquela salamandra e quase não me deixavam aproximar quando era necessário recarregar a fornalha, andando sempre à minha procura para o fazer, visto que não podia estar presente a tempo inteiro. Uma vez carreguei-a até ao máximo e abri-lhe todo o registo. Passados alguns minutos as velhas estavam todas à distância e quando eu passava na sala diziam que tinha feito por maldade. Uns dias mais tarde, após tê-la recarregado, fui-lhe fechar o regulador superior, que se encontrava no primeiro andar, começando a sair muito fumo, motivado pelo retorno, e toda a gente teve que sair da sala, enquanto não se normalizou a situação.

Este grupo de senhoras de idade avançada, umas casadas, outras solteiras e outras viúvas, passavam as horas a fazer serrim, isto é, a falar do próximo, dizendo bem ou mal.

Quando para a Messe se vinham hospedar para passar uns dias, dois oficiais da Marinha de Guerra, que eram maricas e dormiam sempre no mesmo quarto, então elas diziam sempre mal e estavam horas a falar do mesmo, só fazendo intervalo quando eu estava junto delas para tratar do fogão. Mas diga-se que também havia boa gente. Nem chamavam, nem esperavam que fizesse a recarga, pegando no contentor do carvão, que habitualmente estava cheio, faziam-no, não deixando de ser as pessoas importantes socialmente que eram no ramo militar.

. * .

Havia um coronel que era muito conservador e criticava tudo e todos por qualquer pormenor que lhe parecesse fora de moda. Um dia, passa na sala de estar, muito rapidamente, uma jovem vestida já para os anos oitenta e ele critica logo para o seu camarada, alegando os mais disparatados comentários. De repente, a jovem volta a passar e vira-se para o coronel, porque quando passou a primeira vez não reparou nele, perguntando-lhe:

"Avô, gosta da minha roupa nova?"

Ele voltou-se para o seu camarada dizendo que aquela não podia ser a sua neta, ao que o outro respondeu:

"Senhor Coronel!... Não se pode falar antes do tempo."

SEGUNDA PARTE

Em 14 de maio de 1960 deixei a Messe e fui trabalhar no escritório da Empresa das Águas do Gerês, situado do Porto. Hospedei-me numa pensão particular na Rua Formosa da mesma cidade, propriedade de um meu colega cozinheiro na Messe.

Ao fim de três ou quatro meses de permanência na pensão, um dos hóspedes foi-se embora por ter mudado o seu local de trabalho. Os donos da casa puseram anúncio no jornal para arranjar novo cliente. No segundo dia de manhã, aparecem dois indivíduos para verem o quarto e saber o preço. Um deles perguntou se por vezes lhe podiam ir levar o almoço ou jantar ao local de trabalho. Ouvido isso, a senhora da casa pergunta-lhes onde ficava o local para dizer ao marido se podia ou não mandar lá as refeições. Eles indicaram onde era o seu serviço, ficando de saber a resposta no dia seguinte.

Ao almoço desse dia, a senhora comenta o atrás descrito perante todos os hóspedes, que por princípio almoçavam sempre juntos, dizendo que dois agentes da PIDE queriam hospedar-se na pensão. Foi um mal-estar geral. Já ninguém comeu sossegado. Um dos hóspedes, na altura com uns 45 anos de idade, pede licença para ir ao quarto de banho, levantando-se, desapareceu de seguida. Quando a dona da casa se apercebe da falta do seu cliente, que nunca mais vinha do quarto de banho, foi procurá-lo toda aflita. Ele tinha desaparecido com a mala e a roupa e o pior, nem a conta tinha pago. No dia seguinte aparece uma senhora que se dizia irmã do desaparecido, a qual vinha pagar o débito do irmão, pois ele tinha fugido da prisão e pertencia ao Partido Comunista. Nunca mais o vi por aquela casa e os ditos agentes também não se hospedaram ali.

. * .

Em janeiro de 1961 fui incorporado no exército, tendo assentado praça no GACA 3, situado em Silvalde, Espinho, (mais conhecido por: Grande Asilo de Crianças Abandonadas).

Apesar de ter conhecimentos e amizades com altas patentes das Forças Armadas, jamais foi minha intenção meter "cunhas" para ficar isento do Serviço Militar Obrigatório. Com os acontecimentos que se avizinhavam em algumas províncias ultramarinas, principalmente Angola, Moçambique e Guiné, as incorporações de militares começaram a ser feitas a granel, aproveitando-se todos os mancebos aptos ou no mínimo aproveitáveis. As instalações no referido quartel, não tinham condições suficientes para albergar tão grande número de homens. Por esse motivo foi usado o hangar que servira de cobertura aos aviões, sendo transformado em camarata coletiva. Estávamos nos meses de fevereiro e março e aquele vento que de vez em quando soprava do lado do mar, entrava pelas frestas daqueles grandes portões, passava pela cara durante a noite, obrigando-nos a dormir, muitas vezes, com a cara tapada.

Tinha começado a instrução militar e tinham começado, para mim, as tormentas. Era de constituição física frágil, baixo de estatura e não habituado, desde que vim para o Porto, a fazer grandes esforços, como já foi percebido pelas descrições atrás mencionadas. O frio da manhã a penetrar nas pernas e braços para a primeira ginástica. As corridas que nunca mais tinham fim e alguns estúpidos a correrem como doidos para serem os melhores do grupo, fizeram com que algumas vezes ficasse pelo caminho por não aguentar. Quando começava a ter tonturas, assim que via areia ou erva, deixava-me cair para evitar que mais à frente acontecesse sem querer, em cima de alcatrão ou pedras. Uma vez fiquei com vertigens, de tal maneira, que tive de passar o resto do dia na enfermaria. Foi assim a minha instrução até ao juramento de bandeira a 18 de março desse ano.

A 20 de março, fui transferido para o Regimento de Engenharia 2, no Porto, para instrução militar e curso de Centro de Mensagens. Foi o meu pior dia de tropa. Chegámos cerca das dezasseis horas, tendo ficado logo a receber o novo fardamento e armamento. A desorganização deste quartel era tão grande, com aqueles sargentos velhos a caírem com o peso da ferrugem, que os últimos homens receberam os artigos às quatro horas da manhã, tendo todos nós ficado à espera, de pé, em meia formatura, meio abandalhada. Depois, fomos dormir, mas logo às seis horas e trinta, tocou à alvorada, tocando de imediato a sentido, pois o nosso primeiro comandante tinha chegado.

Começou de novo a minha angústia. De manhã com ginástica, treinos de resistência e ordem unida, nunca mais passavam aquelas horas. De tarde, aulas de funcionamento de um Centro de Mensagens e transmissões em geral. Quando já não podia suportar mais aquela vida, baixei ao Hospital Militar número um, onde permaneci cinco dias para observação em cardiologia. Após eletrocardiograma, fui informado que o que tinha não era nada de importante e poderia continuar. No dia da alta, eu como outros, fomos chamados ao subdiretor do hospital, que nos perguntou, pessoalmente, se tínhamos sido bem tratados e se a comida era de boa qualidade. Quem se atreveria a dizer mal, ou pelo menos a dizer a verdade?

Um dia foi preciso ir praticar tiro à carreira de tiro de Espinho e propuseram-nos duas alternativas, ou ir a pé do Porto a Espinho, ou pagar o transporte em veículo militar. Já se vê qual foi a escolha; arranjar dinheiro. Mas que raio de tropa era aquela? Tinha que pagar para aprender a dar tiros, ou será que o dinheiro do gasóleo não entrou nos depósitos dos camiões? Agora, também não estou interessado em saber, claro.

Sempre que havia instrução para saltar obstáculos, que para a minha condição física representavam perigo, eu evitava fazê-lo, passando ao lado sempre que possível e, fazendo nova tentativa, o resultado era sempre o mesmo; não fazer. Um dia, o capitão oficial de instrução, apercebeu-se disso e pôs-se no controlo. Chamou-me e repreendeu-me por eu já por três vezes não ter saltado por cima das caixas. Eu dei-lhe a explicação da minha situação física, o que não foi considerada. Quis-me obrigar a saltar, ameaçou com a repetição da recruta e mais não sei quantas coisas más. Eu continuei na minha posição e as ameaças continuaram. Tinha medo de saltar. Quando tentava, ao chegar ao local parava repentinamente. Gerou-se a confusão entre mim e o oficial, acabando eu por ter um ataque de nervos e choro. Disse-lhe que para fazer aquele salto teriam que pegar em mim e atirar-me por cima das caixas. Nessa ocasião entra em ação outro oficial de instrução, também de patente igual e tudo ficou resolvido. Não fiz mais saltos.

Como tudo na vida tem um fim, aqui também não podia deixar de o ter e o dia do chamado juízo final aconteceu. A 6 de maio do mesmo ano de 1961, fizemos espólio dos equipamentos recebidos que acima referi. Lá estavam outra vez os velhos ferrugentos, que desta vez, ao receberam os artigos, começaram a contar os elos das correntes de limpeza das espingardas, botões partidos nas fardas e pequenos ou grandes defeitos ocasionados pelo seu uso. Quando nos entregaram as coisas, não estiveram com esses pormenores. Então, começaram a somar as verbas que nós tínhamos que pagar. É claro, que o pré que recebíamos não dava nem para metade das dívidas. Assim, eu ficava a dever sete escudos e cinquenta centavos para saldar as minhas contas, o que considerei uma autêntica roubalheira. Protestei e ameacei até ir junto do oficial General Comandante da Região Militar para lhe contar o sucedido. Fui então chamado por um alferes da mesma companhia, que me conhecia de quando trabalhei na Messe de Oficiais, bem assim como um dos capitães ali presentes. Falei daquilo que estava a acontecer, pois estava a ser roubado, dado que à chegada não nos deram elementos sobre o número de peças e se as roupas estavam gastas, ou já eram usadas quando as recebemos ou tinham estragos provocados pelos exercícios que tínhamos praticado, nomeadamente, rastejar. Assim, não estaria certo o que estavam a fazer a todos nós. Não havia um só que não tivesse problemas. Os velhos ferrugentos eram apenas sanguessugas. Até esta data, julgo que não paguei esse prejuízo, pois também nunca soube, como militar, quanto é que o estado me pagava para eu estar a prestar o serviço militar obrigatório. Diga-se que o serviço militar não faz mal a ninguém, desde que, evidentemente, se seja tratado como todas as pessoas o deveriam ser, independentemente da disciplina que é parte integrante do bom militar, sem que se ultrapasse os limites do razoável, o que alguns militares de instrução parecem não ter a noção exata.

Naquele quartel de Engenharia 2, começámos a ter experiências das situações de alarme para a defesa do aquartelamento. Muitas vezes, em alguns dias, três a quatro vezes, o alarme tocava. Pela repetição, todos começaram a habituar-se às suas posições de defesa. Estes treinos vinham a ser feitos em muitos quartéis há algum tempo atrás, o que significava que algo já não corria muito bem no meio político-militar, principalmente desde 13 de abril desse ano, em consequência do golpe palaciano falhado, para derrube de Salazar, e de que foi autor o General Marcelino Rodrigues.

Em 7 de maio do mesmo ano, fui enviado para o Batalhão de Telegrafistas, no Largo da Graça, em Lisboa. Era a primeira vez que ia para aquela cidade. Para mim, ali tudo começou a correr melhor. Tínhamos de manhã ginástica e ordem unida, e de tarde aulas teóricas e práticas, sobre cifras e códigos. Felizmente, que na instrução da manhã não havia aquelas intermináveis corridas como nos outros dois quartéis, e eu acabei por suportar melhor a situação. Aqui, havia mais civilização, começando pelo comandante que era homem muito honesto, muito respeitador em relação a todas as pessoas, que eu conheci perfeitamente antes de entrar para a vida militar. Mas neste quartel, como não podia deixar de ser, também havia uma espécie rara, mas não em vias de extinção, já que destas se encontram muitas por esse mundo fora; o Tenente Montenegro. Quem por ali passou: soldado, sargento ou oficial, jamais o esqueceu, talvez até o único a ser relembrado. Vamos ver: Aquele oficial, que fazia serviço de secretaria era: alto, gordo, feio e bruto. Quando, por qualquer impedimento do oficial de dia, apanhava a braçadeira e o substituía, aquele quartel virava a revolucionário. Possivelmente, aquele senhor, leu alguns livros sobre o famigerado Adolfo Hitler e, por alguns instantes, queria representá-lo em realidade. Primeiro começava a aparecer a fanfarra e toda a gente que soubesse tocar, bem ou mal, experiente ou inexperiente. Todos os pelotões marchavam a toque de música, mais pareciam os desfiles de Santo António em plenas Avenidas de Lisboa. Berrava com toda a gente, não respeitava a diferença entre soldados e sargentos e até alguns oficiais, desde que de patente mais baixa. O terror estava espalhado. Os soldados não sabiam onde se haviam de meter assim que avistavam a avantesma na parada. Marchava-se para o refeitório a toque musical. Entrava-se nele a correr como se tivesse a tocar o alarme para a defesa das instalações. Dentro do refeitório e na cozinha, com abertura direta para este, só fazia espetáculo. Chegou mesmo, um dia, a dar uma bofetada no sargento encarregado do rancho, à frente de cerca de seiscentos homens, a propósito da comida não ser lá grande coisa. Era só fachada, pois a comida era sempre provada pelo oficial de dia, ou pelo menos as amostras iam sempre para prova. Pelo que observei, aquele sargento até nem era dos piores.

Por vezes, a comida do rancho não tinha as características mínimas de refeição para pessoas. Talvez os rancheiros se enganassem a despejar os sacos do conteúdo nas panelas ficando metade dentro dos mesmos, apenas não valendo a pena poupar na água, pois daria muito trabalho engarrafá-la e fazê-la sair para fora do quartel. Para trabalho, bastava o dos artigos comestíveis.

Um dia de dezembro, ao almoço, natural-mente tinham-se esquecido que a comida seria para cerca de 500 homens e não para 50. Mas estas coisas, na tropa, resolviam-se muito facilmente; água para a panela, pois onde comem 50, também podem beber 500. O pessoal não gostou de ver lavadura nos seus pratos e os protestos começaram. Começaram, aumen-taram e passados dois minutos já os vidros das janelas do refeitório estavam a vibrar com tamanha algazarra lá dentro. Então, o oficial de dia, um tenente já com aparência para estar na reforma, simplesmente quis resolver o assunto sozinho. Vai daí, puxa da sua pistola e aponta na nossa direção, dizendo que nos matava. É claro que armas daquelas, já nós comíamos ao pequeno-almoço, ou não tivéssemos, pelo menos, um ano de tropa com instrução e manuseamento diária de armas. O barulho aumentou como reação à presença da arma, que ele acabou por meter no coldre enquanto era tempo, pois as coisas estavam a ficar feias. Já havia pratos voadores...

Acalmada a situação por intervenção de outras entidades, foi anotado o número dos militares, chefes de mesa, que eles guardaram para recordação, entre eles o meu. De seguida, foi confecionado outro tipo de alimentação, constituído por bifes e batata frita. Sinal de que a comida era uma porcaria, ou então éramos muito exigentes, o que duvido.

. * .

Uma tarde, resolvi ir a casa do senhor general Antonino Souselas, que morava em Lisboa e era nessa altura o Comandante-Geral da Legião Portuguesa, visto que ele tinha sido muito meu amigo, quando fora o Comandante da Primeira Região Militar, até dezembro de 1957, conforme já relatei. Encontrei-o mesmo à entrada do prédio, juntamente com a esposa e um seu sobrinho. Apresentei-me, pois ele não me reconheceu logo, já tinha passado bastante tempo, e quando se apercebeu, recebeu-me com muita satisfação pela minha visita, perguntando, imediatamente, quanto me devia dos cortes de cabelo que estava habituado a pagar-me no Porto. Dizendo-lhe que isso já não tinha conta, pois nada tinha a pagar-me, aquele general puxou da carteira e deu-me quinhentos escudos para saldar a dívida, tendo dito: "Isto está a ficar muito caro!..."

Uns dias mais tarde, precisando de ir ao Norte, e como no BT não me concediam licença, procurei-o novamente em sua casa, onde me recebeu, apesar de estar já deitado. Pedido feito, pedido satisfeito. Escreveu logo ali uma carta dirigida ao senhor Comandante do BT. No dia seguinte, mandei-a entregar ao destinatário através da ordenança logo que chegasse ao gabinete. Passada uma hora, o meu oficial de instrução de cifra, foi chamado ao comando. Quando regressou, perguntou quem era o número vinte e cinco daquela escola. No intervalo da aula, chamou-me ao lado e disse que não podia conceder licença de férias por ainda estar na recruta, o que não era verdade. Então disse-lhe:

"Se for necessário, agora vou ter com Sua Excelência o General Lourenço Pestana chefe do EME, que me conhece perfeitamente!"

Não foi preciso mais nada. Logo me foram concedidos cinco dias, tendo eu só aproveitado três que eram os necessários. Apenas fiz isso para vencer a teimosia do primeiro sargento da companhia que não recebera o meu pedido de ausência no fim de semana anterior, por má disposição comigo e com quem eu nunca tivera problemas até àquela data. A notícia passou de boca em boca e eu rapidamente comecei a ser tratado pelos meus camaradas por, "Meu General."

.*.

Sempre que tinha tempos livres, saía para conhecer a cidade, tendo-a percorrido a pé na sua maior parte. Quase sempre fazia-me acompanhar por dois camaradas que tinham iniciado comigo a recruta no GACA 3. Como encontrava muitos oficiais conhecidos, dado que a maioria deles estava em Lisboa, andava sempre a fazer continência, informando os outros do que tinham a fazer. Então, ao fim de algum tempo um deles disse:

"Não volto a sair contigo. Só encontras oficiais e nós não."

. * .

Nas aulas de cifras e códigos havia dois tenentes a ensinar a cerca de trinta e cinco soldados as
técnicas para a seleção de operadores cripto, os quais
se destinavam a prestar serviço da especialidade em
grandes unidades. Após terminar o curso, fui
promovido a primeiro cabo da referida especialidade e fui destacado para fazer serviço no Centro
Cripto do Estado Maior do Exército, ficando adstrito
para todos os efeitos à Companhia R E, a que
pertencia desde que cheguei a Lisboa. Estávamos no
mês de dezembro de 1961. Aqui começou o meu
contacto com uma maior realidade militar, uma vez
que estava dentro de um serviço importante. Posso
começar pela queda definitiva da nossa Índia, ou
Índia Portuguesa. Eu estava de serviço na noite de
18 de dezembro, quando chegou a primeira
mensagem a relatar os primeiros acontecimentos,
após a invasão. Muitas outras tinham passado pelas
minhas mãos. Tinha sido iniciada a tão prometida
invasão e que ninguém acreditava que viesse a
acontecer, mesmo depois de tantos avisos, de tantas
informações e PERINTREPS que tinham sido
dirigidos através das mensagens cifradas, com destino
aos mais altos responsáveis militares da ocasião. Após
a decifração desta e, já na presença de oficiais

superiores do Estado-maior, comecei a decifrar a segunda mensagem. Conforme ia sendo recebida no centro de mensagens, ia sendo entregue às parcelas no centro cripto, pois não havia tempo a perder, como se ali fosse feita a resolução de tão importante assunto, que vinha assinalar definitivamente o desmoronamento do Império Português de Além-mar. Esta mensagem, estaria talvez ao meio de uma página em tamanho A4, deixou de ser recebida pelo radiotelegrafista. Soube-se mais tarde que os motivos foram o bombardeamento do posto transmissor, pela aviação da União Indiana. Foi o fim das transmissões militares diretas. Durante todo o mês de dezembro, tinham sido recebidas mensagens confidenciais e secretas, do Comando Militar da Índia, a solicitar o envio de reforços em homens e principalmente, em munições e armamento. A todos estes apelos ninguém respondeu a não ser num pedido de última hora, em que a resposta ao pedido solicitado sobre armas de artilharia, mais parecia resposta de ignorante, ou de ignorante quem fez de lá tal pedido, assim deu para compreender de tais trocas de mensagens. Nos dias que se seguiram à invasão, as notícias maliciosas que corriam no meio militar era a de que o Governador da província, General Alexandre Pinto, estava a dar uma receção de gala às entidades portuguesas, tendo desleixado a defesa do território. É simplesmente absurdo. Mesmo que o dito general tivesse cem vezes mais, em número de homens e equipamento, a União

Indiana, continuava a ter o mesmo poder de vencedora. Quanto a mim, a União Indiana não fez mais que usurpar um território pela força, contrariando todos os princípios morais, e não deu sequer hipóteses aos habitantes de se prenunciarem sobre os seus desejos. Se estes quisessem ser independentes e livres do poder dos portugueses, até se compreendia tal invasão. Como não havia petróleo ou bens de grande importância para as potências, na devida altura intervirem a favor da liberdade de escolha, o caso ficou assim mesmo, tendo mais tarde Anastácio Gringo contribuído para que se não voltasse a falar no assunto. Dentro dos constantes apelos para se socorrer a província, por volta do dia dez de dezembro, uma mensagem classificada de "muito secreto", foi enviada para as autoridades inglesas a solicitar autorização para se usar o aeroporto de Carachi, com vista ao transporte de armamento via aérea. A meio de janeiro do ano seguinte, como resposta e já fora de questão, foi respondido por Inglaterra, para melhor explicitar-mos o conteúdo da mensagem visto não a terem compreendido, nem admira que o compreendessem, daquela gente nada era de esperar. Para confirmação, veja-se toda a história das duas nações.

Lendo o relato da Invasão dos territórios da Índia, de Carlos Alexandre Morais e o consequente cativeiro, fico com a confirmação dos relatos que há já longos anos me tinham sido feitos, por outros elementos das nossas forças armadas ali presentes. É de pasmar e pedir aos nossos historiadores que se risque da história essa queda. Ela é feita de tal maneira que daqui a cem anos nenhum português conseguirá compreender como se andava na guerra de táxi, e Salazar quis à força da perda da vida dos nossos militares, pela sua resistência heroica, sem armamento condigno, o que muito contribuiu para que as populações não fossem esmagadas juntamente com eles. A teimosia do líder do regime e seus seguidores, neste caso, conseguiram denegrir o empenho das forças armadas, só para não entrarem em contactos para negociações. Não vou falar aqui da receção aos militares à sua chegada a Lisboa, pois como ela foi feita não é digna de aqui voltar a ser lembrada, tal foram as consequências que os incompetentes avestrúncios fizeram sobre a sua rendição. Parece que mesmo depois de consumado o facto, e já terem decorridos alguns meses, os dirigentes ainda não tinham aceite tal coisa e procuraram vingar-se nos combatentes.

. * .

Fale-se agora de coisas alegres. O referido centro cripto do Estado Maior era chefiado por dois oficiais, tenentes do exército, que dado o funcionamento a 24 horas dia, obrigava a que um deles estivesse presente a maior parte do tempo. Depois de cifradas as mensagens, eram entregues ao oficial, antes de serem remetidas aos radiotelegrafistas, para confirmação das chaves utilizadas, a fim de não criar problemas no centro recetor na respetiva descriptação. Um dia, o oficial de serviço, chama um dos operadores presentes, que tinha cifrado uma mensagem que ele estava a conferir, dizendo-lhe que ela não estava em ordem, pelo que teria de a verificar. Feita a verificação, o primeiro cabo volta junto do oficial, informando-o de que já tinha descoberto o erro, dizendo o seguinte:

"Se eles não forem tão burros como nós, conseguem decifrar com este erro."

"Burros como nós, não! Burros como tu!", diz o tenente, "Vai proceder conforme deve ser!"

.*.

Tive alguns fins de semana livres, pelo que aproveitava viajar até ao Porto. Algumas vezes de boleia na estrada, outras de comboio, conforme o dinheiro disponível. Uma das vezes, à boleia, só demorei 23 horas a fazer a viagem Lisboa-Porto. Como eu continuava a ter acesso à Messe, em virtude de lá ter estado aqueles anos e ter deixado muitas amizades e algumas colegas que namorisquei em "part time", e já que eram nove horas da noite quando lá estava dentro, pensei e fiz: — Subi até ao último andar, onde ficava o quarto de dormir de uma empregada de nome Antonieta, por quem tinha muita simpatia e com quem até já tinha ido ao cinema, coisa rara naquela época. Entrei no quarto e não estava ninguém. Pensei: — Está de serviço no primeiro andar, só voltará mais tarde. Esperei... esperei... e voltei a esperar... e nada. Como não aparecia, resolvi fechar a porta por dentro, tirar a chave e deitar-me em cima da cama. Novo pensamento: — Ela não está de serviço, apenas saiu para casa da sua tia e voltará antes da porta fechar. A porta principal fechava à uma hora da madrugada e o pessoal não era autorizado a entrar depois dessa hora, somente os hóspedes o poderiam fazer, mesmo que viessem juntos. Chegou a uma hora e meia e as esperanças de encontrar a rapariga, lá se foram.

"E agora? Que faço? Vou sair pela porta do fundo ou fico?", a dúvida estava instalada.

Fiquei e fui dormindo às prestações. Depois daquela noite de sobressalto, finalmente a manhã chegou. Como as empregadas dos quartos iniciavam o serviço às oito horas, às sete e quarenta e cinco, abri a fechadura da porta e a miúda entra de seguida, tendo-me eu escondido atrás da porta para que ela entrasse sem me ver, pois poderia começar aos gritos com a surpresa. Assim que fechou a porta, viu-me, e eu fiz-lhe sinal de silêncio. Ela, como seria de esperar, ficou aterrorizada com a situação. Era preciso que saísse dali rapidamente, pois poderia chegar alguém e jamais acreditariam numa história tão verdadeira e tão estúpida ao mesmo tempo. Disse-lhe que me vinha despedir dela, pois, possivelmente, não a voltaria a encontrar. Depois de um beijo de despedida, nunca mais a voltei a ver. Ela foi fazer observação para caminho livre e eu saí dali, sem que ninguém se apercebesse do acontecimento. Foi mais uma das minhas aventuras inocentes.

Em meados de janeiro, voltei ao Batalhão de Telegrafistas, como monitor de uma nova escola de alunos para operadores cripto. Todos os dias tinha que sair a comandar um pelotão até ao Edifício do Estado-maior, onde funcionavam os serviços de aprendizagem de escrever à máquina. Embora não fosse da minha competência comandar essa força, mas como os oficiais instrutores não estavam para andar na rua a marchar e os sargentos de igual modo, então, sobrava para mim que era o menos graduado, e aquele que mais aprumo e rigor apresentava entre todos os outros camaradas. Essas viagens nada me incomodavam, a não ser quando estava de oficial de dia, por empréstimo, o tal tenente Montenegro. Não deixava sair a formatura sem primeiro vir passar revista. Uma das vezes como ele demorou, deixei o pessoal formado e fui ao seu gabinete. Apenas lhe disse o seguinte:

"O pessoal tem de estar na Cheret às 9 horas. Faltam somente dez minutos e a coluna demora vinte a chegar. Vossa Excelência assume a responsabilidade e eu continuo à espera da ordem de saída?"

"Nada disso! Vai já, mas não podes comandar esses homens, tem que ser um oficial!"

"É fácil meu tenente, informe o meu oficial instrutor para que ele faça o comando."

"Siga já, eu não tenho nada a ver com o atraso!", disse-me o imbecil.

Nessa ocasião só pensei: "Este sempre é mais doido que aquilo que tem dado a perceber."

O dito tenente Montenegro, quando apanhava a tal braçadeira de oficial de dia, como já foi dito, revolucionava o estado de espírito de todos os militares. Logo que via algum militar a passar na parada, mesmo que a grande distância, começava aos berros a chamar por ele e arranjava-lhe logo que fazer, nem que fosse voltar a varrer a parada, que já algumas vezes tinha sido varrida por outras vítimas. Uma tarde, cerca das 14 horas, eu vinha da cantina onde tinha ido comprar uma carta. O referido oficial aparece a mais ou menos cem metros de distância, começando a chamar por mim, visto que de momento não havia mais ninguém na parada. Chamou, como já era seu costume, grosseiramente e vociferando:

"Ó Cabo!... Ó cabinho!..."

À terceira, normalmente, sairia: "Ó Cabrão!"

Já conhecedor desta lengalenga, não lhe dei tempo de abrir a boca a terceira vez, e disse para ele em voz alta: "Ó filho da puta!..."

Imediatamente corri, a toda a força, para a entrada da secretaria da companhia. O homem desvairado com tal atitude começa a correr na minha direção. Julgou, pela distância a que se encontrava, que eu entrara na caserna, já que as portas eram juntas uma à outra. Chegando dentro, encontrou um militar a limpar o cinturão. Tirou-lho das mãos e começa a bater em todos os que encontra pela frente. Alertados pela confusão, alguém grita:

"É o Tenente Montenegro!..."

Logo começam homens a sair pela porta que dava para os quartos de banho e jardim que se situavam ao fundo da caserna, numa parte exterior, e outros para a parada, pela porta por onde ele tinha entrado. Era uma tropa em debandada perante um só elemento inimigo.

Estava um soldado, a desfazer a barba, em tronco nu, quando levou com o cinturão sem saber o que se passava.

De seguida, volta para a caserna, saindo dos quartos de banho. Nessa altura, verifica que junto ao tanque de lavar roupa, estavam sete ou oito homens e, tendo visto, quando entrou, só dois. Então, desvairado, mais uma vez, vai junto deles e toca a dar cinturadas a torto e direito. Eu estava no primeiro andar da secretaria, junto da janela, a observar estas correrias. Depois de passar a trovoada, entrei na caserna e perguntei o que se passou lá dentro. Todos queriam saber o que se tinha passado, pois nunca tinham sentido tão perto o inimigo número um daquele quartel. É claro que nada disse, pois se o fizesse, naturalmente, correria riscos. Sempre que passava perto daquele oficial, nem sabia onde punha os pés, com medo que ele me viesse a reconhecer, o que felizmente, para mim, nunca aconteceu.

. * .

Como era de baixa estatura, as roupas do fardamento que me eram distribuídas, ficavam sempre grandes, motivo pelo qual tinha de acertá-las ou mandar acertá-las ao meu tamanho, para que não parecesse um militar-macaco. Assim, procurava que a farda se apresentasse muito próximo do decente e até usava cinto de lona, igual ao dos oficiais, o que por vezes me trazia contrariedades. Um dia estando no BT, de folga do serviço do Centro Cripto do EME, um camarada pediu-me para que fosse ao render da guarda, em seu lugar, visto que não estava decentemente fardado para tal. Sem mais demora fui para a formatura. O oficial de dia, um tenente já com largos anos de idade, ao passar revista, repara no cinto que era igual ao dele, manda anotar o meu número, que saiu errado da minha boca, e manda-me apresentar de seguida no seu gabinete já que não estava fardado como era obrigatório. Acabando a cerimónia do render de tropas, munime do livre trânsito que possuía, para entrar e sair a qualquer hora do quartel, só parando na estação de Santa Apolónia.

.*.

No dia em que aconteceu o assalto ao quartel de Beja, comandado pelo major Pires Toupeira, eu tinha chegado ao Porto para passar cinco dias de férias. Acontece que por ter entrado o exército em prevenção máxima regressei a Lisboa imediatamente. Quando entrei no BT, deram-me uma metralhadora, daquelas usadas na primeira grande guerra, uma caixa de munições, e um homem para ajudante. De tempos a tempos, o alarme tocava e lá íamos nós a correr para defender as antenas de rádio do referido quartel.

Na manhã seguinte quando tocou a formar para o pequeno-almoço, eu que sempre fui dos primeiros a chegar, verifico, com grande espanto, a existência de dois homens de bata branca um em cada extremidade da parada; por princípio julguei serem enfermeiros. Passados alguns dois ou três minutos, apresentam-se na parada oficiais desconhecidos que tomam conta do comando e observação das tropas. Todos aqueles que chegaram em último lugar, em vez de irem tomar o pequeno-almoço, foram para as mãos dos homens de bata branca que eram barbeiros, para o respetivo corte raso. "Nunca vi tanta burrice junta. Então, uns fazem os assaltos e os outros é que pagam?" Depois do pequeno-almoço, quando tocou a formar para a instrução, mal o corneteiro deu a primeira nota, logo as formaturas ficaram completas. Até se atropelavam uns aos outros, tal era o clima que se vivia.

. * .

A 20 de janeiro de 1962, fui enviado para o Depósito Geral de Adidos, com destino à Província da Guiné. Em princípio não tinha mais militares para seguir junto com eles. Ali fiquei, o dia inteiro, a fazer bolas de sabão, sem saber como e quando partia. No dia seguinte chegaram militares de transmissões com destino a Cabo Verde e à Guiné, mas continuei sem saber com quem ia, uma vez que marchava para o Centro Cripto do Quartel General do Comando Territorial Independente da Guiné e de operadores cripto era só eu. Perguntava e nada sabiam. Era uma perfeita desorganização. Apenas soube que ia de barco, mas não quando. Como nunca gostei de estar parado sem fazer nada, resolvi sair pelas 11 horas e só regressei à noite pelas 21 horas. De manhã, voltei a percorrer os gabinetes possíveis e de nada me valeu; ninguém sabia de nada, tinha somente que esperar. Como andava já com a farda do ultramar, saía bem da porta de armas. A sentinela nada me perguntava. Assim, resolvi vir só dormir.

Na manhã seguinte repetiu-se a cena dos dias anteriores e então resolvi nem vir dormir. Afinal, andei aqui estes dias todos a boiar e poderia ter estado com a família mais algum tempo. Apenas tive três dias para ir de Lisboa às Termas de S. Vicente e vice-versa. Nessa despedida, não pude esquecer a minha avó Carolina, já viúva de um marido que logo após o casamento e, deixando a primeira filha, que foi a minha mãe, foi para o Brasil para tentar melhor sorte. Para pagamento da viagem e não só, vendeu uma parte dos bens do casal. Ao fim de uns anos voltou não trazendo nada de novo com ele. Voltou a vender outra parte dos bens, deixou mais outra filha e regressou novamente ao Brasil. Ao fim de uns anos mais, regressa com o mesmo que tinha trazido da outra vez. Faz mais uma outra venda e regressa para o mesmo país, deixando mais outra filha. Regressa uns anos mais tarde, com pouco mais do que aquilo que tinha levado; já velho e cansado e uma pensão de reforma, que naquela época ainda se poderia considerar razoável. Começou por gastar todo o seu valor em álcool. Passados uns meses, queria repetir outra vez a venda dos bens, mas do que restava teria que ser tudo. Dadas as dificuldades que a minha avó passou, durante aqueles 30 anos para criar três filhas, recusou-se a assinar a escritura de venda. Após muitas pressões para assinar, a minha avó disse-lhe que para ir ao notário a Penafiel assinar, teria de cortá-la às postas e levá-la dentro de uma giga. Então, quando me despedi dela, deu-me uma moeda de cinco escudos, que eu recusei tantas vezes, por saber que lhe fariam muita falta. Tanto insistiu e chorou por mim que tive de aceitar.

É que vivi com ela algum tempo quando era miúdo e a sua morte em 1967, deixou-me muito triste, continuando a ser a sua lembrança, no atual momento, uma marca indelével no meu consciente.

No dia 25 de manhã apresento-me e pergunto novamente qual a data de embarque, sendo informado que todos reclamaram a minha presença no dia anterior, para as vacinas que eram necessárias, pois o barco largava às treze horas do cais de Alcântara nesse mesmo dia. Pelas informações colhidas, logo de princípio, verifiquei que o caso não estava bom para o meu lado. Procurei logo o cabo de dia e perguntei-lhe se tinha faltas minhas anotadas. Depois de ele olhar para a lista respondeu afirmativamente. Disse-lhe para as cortar porque tinha estado sempre na cama deitado, o que ele fez.

Como ninguém sabia quem me levava para o cais de embarque e as tropas de transmissões terem partido, fui ter com o oficial de dia, um alferes, para que me informasse com quem eu ia realmente, já que só me mandavam esperar e eu continuava com a guia de marcha, sem alguém tomar conta dela. O homem, depois de saber que era o faltoso às vacinas, e não acreditando na minha versão, que foi igual à apresentada ao cabo de dia, manda-o chamar e pergunta-lhe se tinha faltas anotadas com o meu número. O referido cabo percebeu a manobra, consulta a lista e diz que não tinha. O alferes, vira-se para mim e exclama:

"Venceste-me, mas não me convenceste. Vai ao barbeiro para cortar o cabelo como castigo!"

Cheguei à barbearia do aquartelamento e o barbeiro militar já lá tinha a ordem para o corte. Perguntando-me porquê tal castigo, contei-lhe a história, ao que ele respondeu:

"Vamos aqui arranjar um corte normal e logo se vai ver!"

Cortou-o em tamanho normal. Quando me apresentei novamente ao oficial de dia, este perguntou se estava a brincar com ele. Eu respondi que não, pois quem tinha cortado o cabelo fora o barbeiro. Eram doze horas naquele momento. Perguntei novamente ao oficial quem era o responsável por eu andar ali àquela hora, visto a largada do barco ser às treze. Então, mandou-me apresentar no BT depois de anotar na guia de marcha que seguia para lá. Pedi-lhe que me arranjasse transporte para me levar, uma vez que tinha todo o equipamento e fardamento comigo. Não se conseguiu transporte militar estava tudo ocupado. Então, fui de autocarro, carregado como as mulas do moleiro. No autocarro nem bilhete me cobraram. A farda do ultramar já mantinha alguma distinção. Apresentei-me no BT eram 12 horas e 45 minutos. Quando o primeiro sargento da minha companhia me vê com a bagagem no meio da entrada da parada, pergunta:

"Caíste da camioneta abaixo?"

"Não! Nem sequer subi!", respondi-lhe.

Apresentei-me ao oficial de dia, Capitão Antunes Morais, que depois de lhe contar a minha situação disse-me para ir depressa porque o barco saía às 13 horas.

"Eu não consigo chegar lá a tempo, não tenho transporte!"

Rapidamente, arranja um oficial para ficar no seu lugar e foi-me levar no seu automóvel particular. Chegados ao cais de embarque, a toda a velocidade, estavam já a começar a retirar o portaló. Depressa abro a porta do carro, enquanto atirava as coisas para o chão e ele pedia a suspensão por uns minutos. Entrei no barco e ouvi um sargento, que já tinha sido meu monitor e eu monitor com ele, no BT, a dizer para um alferes que se aproximava:

"Já cá está o homem que faltava!"

"Milagre! Um destacamento de 4 homens e faltava um?", exclamou o oficial.

Após as apresentações, fiquei a saber que esse alferes ia como chefe do centro cripto, o sargento como subchefe e outro sargento como mecânico de material cripto. Comigo ali, a equipa estava completa.

Saiu o barco, e quando nos apercebemos estávamos a ir para Norte e não para o Sul. De manhã cedo estava o barco Alfredo da Silva, atracado no porto de Leixões. Conseguimos sair logo. O barco ia estar ali muitas horas para carregar mercadoria. Só saiu no outro dia. Estava ainda a sair do meio da doca, quando parou, lançando âncora. Era um acontecimento estranho. Tomando conhecimento do acontecimento, foi verificado que a bordo seguia um civil clandestinamente, que já tinha entrado em Lisboa. Como se supôs tratar-se de alguém para praticar um ato criminoso, o indivíduo foi interrogado no porão em que seguíamos, dizendo sempre que apenas queria ir para Cabo Verde. Chegou depois a Polícia Marítima e a PIDE; que em conjunto, passaram revista ao barco, ficando o referido indivíduo preso, até ao desembarque das tropas nos locais de destino.

Dali fomos diretos à ilha do Sal, para desembarque de tropas e material. No mesmo dia rumou-se para o porto da cidade de Mindelo, também para desembarque de pessoal das transmissões, onde se permaneceu até ao dia seguinte e daqui para a cidade da Praia, para a saída de alguns militares e mercadoria. Finalmente, de rumo à Guiné, onde desembarcámos a 6 de fevereiro. A maior parte dos longos dias de viagem, naquele barco, passeios dentro de um dos jeeps a ouvir o pequeno rádio que levei comigo, pois nunca gostei de confusões e de passar as horas a jogar cartas, muito menos dentro de um porão que até cheirava a tinta.

Chegados ao Quartel General em Bissau, entregaram-me o comando dos radiotelegrafistas, para apresentar à companhia de que iam ficar dependentes. Ali, como cá, também ninguém sabia onde nem porquê. Depois de dar duas voltas na parada, de companhia em companhia, mandei destroçar e cada um "desenrascar-se". Juntei-me aos outros três no centro cripto e após as apresentações ao restante pessoal, fomos procurar as nossas instalações. Tínhamos informação que as nossas camas e roupas tinham saído da metrópole no barco anterior, motivo pelo qual deveriam estar nos serviços de aprovisionamento. Mas depois de tantas procuras perdemos a esperança e, vai daí, cada um de nós teve de resolver o problema. Os outros arranjaram cama provisória nessa noite, em vagas de outros que estavam ausentes. Eu fiquei à entrada do posto de transmissões deitado em cima do estrado de madeira, com os mosquitos ao ataque, durante as duas primeiras noites. Ao terceiro dia, quando ia de jeep para entrar no QG, vi uma cama completa, junto da casa de um sargento, ali a 50 metros da Porta d'Armas. Disse ao condutor, um soldado preto, para parar e me ajudar a carregar. Feito isso a toda a pressa, não fosse o dono aparecer, segui para o meu quarto, que distava do local também uns 50 metros, só que no sentido oposto. Boa cama arranjei. Estrado de molas e colchão de 5 estrelas e ainda com a vantagem de não se poder pôr outra por cima. Esta acompanhou-me durante toda a comissão na Guiné. Os primeiros meses foram de adaptação ao meio ambiente. Tudo isso para mim era novo, exceto o serviço. Era comandante militar da Guiné, o Coronel Carvalho Antunes, que eu já conhecia, quando ele fora oficial do Estado-maior no QG da primeira região. Para ele, levei uma carta de recomendação escrita pelo D. Gustavo de Moreira, que lhe foi entregue pelo seu ajudante de campo. Nesse dia, andaram à minha procura para ir ao gabinete do comando. Nunca fui e mesmo passando pelo senhor coronel todos os dias, e mais que uma vez, nunca me apresentei como sendo o referido na carta. Não queria estar protegido por ninguém. Este oficial, não usava o poder que lhe dava o seu cargo. Ele próprio é que conduzia o seu carro. Não tinha escolta nas suas deslocações e também não queria toques de sentido à sua entrada no QG. Era realmente uma pessoa simples, como quando o conheci no Porto. Tinha muita consideração por todos os militares ali em serviço. Isto pode-se analisar por uma mensagem em cifra que ele enviou às unidades do "mato", a propósito de alguns descuidos em operações militares de que resultaram prejuízos. Pede aos comandos que instruam devidamente os seus subordinados: "Para sofrimento basta o estar longe das suas famílias. Para que não haja baixa nas nossas tropas, utilize-se toda a sua força, mesmo sem razão aparente." Uma outra mensagem também em código, era enviada a um capitão, comandante de uma companhia avançada, cujo cão, de quem era dono, tinha morrido e o seu patrono estava muito triste. Opus-me à cifra de tal mensagem. O seu conteúdo não era sério para que fosse tratada pelo serviço do centro cripto. Achei que era uma autêntica brincadeira, em tempo de início de guerra, andarmos a brincar aos cães mortos. Eu que já tive cães, sei qual é o desgosto que sofremos quando eles morrem. Depois de ser informado pelo meu chefe, Alferes Guilherme Gabriel, e pelo chefe do Destacamento de Transmissões n. 8, Capitão João Pedro, ao mesmo tempo, ajudante de campo do comandante militar, que compreendiam a minha posição, mas que dado o moral do referido oficial se encontrar baixo, era necessário o apoio neste caso. Não achei piada alguma, mas como nada mais podia fazer, a não ser cumprir a ordem, a mensagem seguiu. Sempre perguntei até hoje, qual foi o estado moral desse homem quando dois militares seus morreram em combate?

Com a boa vontade do senhor comandante a evitar sempre que possível o castigo de militares, pelo menos por coisas insignificantes, este era muito respeitado por todos quanto o conheciam. Um dia, um primeiro sargento, chegado há poucos dias, quando passou por um primeiro cabo da metrópole, e este não lhe fez a devida continência, participou dele, fazendo vincar o desrespeito que tinha sofrido. Era comum, nesses primeiros tempos, os cabos brancos do exército em vez da continência habitual, cumprimentarem, essa franja da hierarquia militar, com o bom dia ou boa tarde, o que quanto a mim não era mais desrespeitador do que o uso do obrigatório. Sei que Sua Excelência, o comandante militar, teve certa repulsa em mandar publicar o castigo legal, pois como ele dizia, 'o facto das pessoas estarem longe dos seus familiares, por si só, já é um castigo.' Como o dito sargento não retirou a participação, a punição teve de ser dada. Desde aquela data, quando passávamos pelo dito sargento, fazíamos a continência ao mesmo tempo que pensávamos na série de palavrões que lhe ficariam muito bem. Com esse não havia espírito de convivência. Como tudo, isto caiu mal nas tropas em geral. O sargento foi chamado à atenção para que não voltasse a repetir o assunto, caso contrário, o comando tinha poderes para resolver o caso de outra maneira.

Dado que em Bissau, tinha um oficial da PSP que era meu primo, já em segundo grau, comecei a frequentar a sua casa, uma vez que fui muito bem aceite por toda a sua família. A esposa dele era de cor, mas uma excelente pessoa, tão dócil e amável, que ainda hoje, as pessoas que com ela conviveram de perto a admiram. O casal tinha sete filhos, dois rapazes e cinco meninas, sendo dois pares de gémeas. Como a vivência entre as famílias de naturais da metrópole era muito boa, totalmente diferente daquela que estávamos habituados no continente, adaptei-me rapidamente e sempre que faziam festas simples e de boa amizade era convidado para elas.

Por esse motivo é que aqueles que estiveram nas ex-províncias ultramarinas sentem saudades dos tempos que lá passaram. Hoje, neste país a que pertencemos, a amizade é apenas um aspeto comercial. Já não há amigos, na inteira conceção do seu significado. Disso tenho a certeza, escusam-me de tentar contradizer.

No centro cripto do QG, funcionavam os serviços de cifra para Lisboa; Estado-maior do Exército e Ministério da Defesa Nacional, e ainda a cifra para as unidades e subunidades no interior da província. Quando andei no curso de cifras e códigos, aprendi que estes serviços tinham de funcionar em separado. Nunca em conjunto, já que os assuntos tratados a nível superior, não poderiam ser do conhecimento a nível inferior. Mas como sempre, as forças armadas portuguesas viviam com o mínimo possível e com tantas dificuldades que muitos foram os heróis que esta Pátria teve, porque para vencerem dificuldades, até improvisavam. O capitão João Pedro, era o homem dos sete instrumentos, sendo chefe de diversos serviços e ajudante de campo, ou oficial às ordens do Comandante Militar, que viria a ser Comandante-em-Chefe das Forças Armadas e Encarregado do Governo, o que o fazia andar numa autêntica maratona de representações. Mesmo assim, conseguia uns cinco ou dez minutos para vir ao centro cripto conversar.

Nos primeiros meses após a minha chegada, ainda se estava apenas na guerra psicológica, isto é, ainda não havia atos bélicos propriamente dito. Ninguém estava preparado ou mentalizado para isso. Tudo era fácil. No QG, toda a gente entrava, desde as lavadeiras de roupa, de origem local, ou outros, já que dentro das instalações existia uma companhia de serviços constituída por soldados indígenas. Não havia controlo nenhum, tendo acontecido mais tarde a apreensão a elementos do PAIGC, de plantas das instalações do QG, onde também se incluía o nosso serviço. Para se controlar os efeitos deste estar à vontade com a situação que reinou muito tempo, numa operação a uma casa onde pernoitava um suspeito de pertencer à organização para a independência daqueles territórios, as nossas tropas cercaram o local. Na casa entrou um agente da PIDE e o major que comandava a operação. Talvez pensando que iam de passeio, o agente atirou-se para cima da cama onde estava o presumível terrorista, recebendo em troca uma bala que o deixou morto, enquanto o oficial recebia outra de raspão. Feita esta receção, o atirador fugiu, e a nossa guarda nem o viu.

Com o avançar da situação passou a haver litígio entre o comandante militar, Coronel Carvalho Antunes e o Governador da Província, oficial da marinha, comandante Pontes Guimarães, porque, como sempre, um oficial de marinha e outro do exército, jamais acertam passo. Dado que era preciso fazer uma rusga a determinada zona da cidade de Bissau, para procurar armas e elementos do inimigo, era de parecer daquele governador que a mesma fosse anunciada pela rádio. Ora isto, era o mesmo que os mandar sair, caso existissem. Daí que, por esta e por outros assuntos relacionados com as operações militares, o dito governador foi substituído, passando então a assumir o cargo provisoriamente, o já referido Coronel Carvalho Antunes.

Os primeiros grupos de militares que chegaram à Guiné depois de mim, ainda não tinham noção exata do manuseamento das suas armas, a G3, e, vai daí, que quando se juntavam para sair, saía um disparo acidental ou às vezes uma rajada, o que felizmente, naquela época, não atingiu ninguém. Assim que me apercebia que esses grupos iam para sair eu, por princípio, fugia logo para dentro da camarata ou do meu serviço, não fosse atingido sem querer. Os nossos militares não estavam suficientemente preparados para manusear armas automáticas.

Quando aconteceu o primeiro ataque terrorista às nossas tropas, o inimigo fê-lo logo a um batalhão, o que estava sediado em Tite, no dia 23 de janeiro de 1963, tendo provocado baixas imediatamente. Nessa ocasião, e pelo volume de fogo e técnicas de ataque, foi verificado que já estavam bem treinados e com um objetivo bem firme, acabando definitivamente com a guerra psicológica e demonstrando àqueles que não queriam acreditar na evolução, que os bons tempos tinham acabado. Nessa noite, encontrava-me na cidade de Bissau, quando os alarmes militares foram acionados. Como a distância entre o QG e a cidade era de cerca de 2 quilómetros, mandaram carros de transporte buscar os elementos que estariam pela cidade. Chegado ao quartel, fui imediatamente para o centro cripto, onde estavam a começar a chegar as primeiras mensagens com os pormenores do acontecimento. Logo reuniu o comando militar para estudo da nova situação na sala de operações. Naquela noite ninguém teve descanso, todas as pessoas do QG tiveram que fazer. Foi mandado servir café e sandes a todos quantos estavam ali, o que ainda se repetiu na noite seguinte. À terceira noite, tudo voltou à normalidade e a guerra começou a ser tratada como coisa de rotina. O centro cripto começou a trabalhar 24 horas dia, com os operadores da rede interna e operadores da rede externa, fazendo cada um de nós um período de 24 horas e descansando 48 horas. No serviço foi montado um beliche de duas camas, e de noite, quando não tínhamos serviço aproveitávamos para dormir um pouco.

Um dos meus maiores problemas era a falta de água potável para beber. Os filtros eram de vaso com elemento cerâmico e a filtragem fazia-se a gota-gotas. De noite, quando tinha sede, procurava ir aos filtros beber. Por vezes, era um desconsolo, pois outros já o tinham feito antes. Para tomar banho e a higiene pessoal no QG, a água era ligada por volta das 6 horas da manhã durante pouco mais do que uma hora. Aproveitava sempre que estava de folga um banho de chuveiro, pois nos dias de trabalho a substituição era feita às 8 horas. Depois, apenas havia ou não o precioso líquido em um ou dois latões que se enchiam para fazer face às necessidades mais prementes. Isto passava-se no interior das instalações do QG, nas unidades do interior da província, seria muito pior.

Eu, como especialista de cifra, estava autorizado a comer fora do aquartelamento recebendo no total 1.800$00 por mês o que, comparado com a metrópole, era duas vezes mais. Desta maneira consegui viver o melhor possível, fazendo um equilíbrio financeiro razoável. Comprei uma máquina de filmar, que funcionava a corda e um projetor elétrico de filmes, com o que me entretinha nas horas vagas, além da leitura de livros.

Normalmente, nos fins de mês, quando as tropas recebiam o pré, que era bastante mais do que aquele a que estavam habituadas, a cerveja e outras bebidas, nas cantinas e nos cafés da cidade, eram consumidas à farta. Com esse consumo desregrado, a que ninguém conseguia pôr termo, muitos militares embriagavam-se, o que constituía um perigo para a defesa das instalações e da própria vida. Estou certo de que o inimigo nunca se apercebeu rigorosamente desse problema, caso contrário, tê-lo-ia aproveitado bem. Um caso destes mais grave que do costume, aconteceu uma noite no QG cerca das 21 horas e trinta, já depois do toque a recolher, alguns cabos das transmissões, sendo um deles de carreira, de tão embriagados que se encontravam começaram a bater com paus em latões vazios, daqueles em que se transportava gasolina, que não deixavam ninguém dormir e ao mesmo tempo davam a entender às sentinelas o estado em que se encontravam. Ao fim de uma hora de intenso barulho, começaram a andar pelos quartos da camarata a incomodar os homens que estavam deitados. Era simplesmente infernal. Não se podia estar em segurança com tamanha confusão. Cerca das 23 horas, apareceu o oficial de dia ao QG, que os mandou deitar, ao que eles obedeceram imediatamente. Passados cinco minutos, e com o efeito do álcool no cérebro, voltaram a fazer ainda mais barulho. Às 23 e 30, levantei-me e fui chamá-los à atenção, dado que o oficial de serviço não voltou nem mandou alguém. Foi pior a emenda que o soneto. Mal me deitei, todos eles em grupo, entraram pelo quarto onde estava deitado e vieram para ali fazer o barulho e puxar os lençóis que cobriam os três militares que estavam deitados.

113   Serafim Soares Ferreira

Rapidamente dei um salto da cama, peguei na arma, uma espingarda Mauser, meti-lhe uma bala na câmara e apontei ao primeiro que estava à minha frente. Num ápice, o quarto ficou vazio. Todos fugiram como cobardes na presença de uma arma, nem o álcool os aguentou. Quando este estado de coisas era possível acontecer num QG, pergunto o que seria nas unidades do mato?

No QG, prestaram serviço de oficial de dia, durante alguns meses, dois alferes que residiam em casas anexas às instalações militares, onde viviam com as suas mulheres, sendo todos eles ainda jovens.

No dia em que qualquer deles estava de serviço, a mulher ia para junto dele à noite e então, viam-se alguns militares a passarem junto da janela do gabinete que era no rés do chão, para apreciarem as cenas pornográficas que lá se faziam.

Como em todas as guerras, os homens que usam armas, quando os seus princípios morais são de baixo valor, fazem coisas que qualquer racional dito civilizado não faria. Por exemplo: mais do que uma vez, junto do arame farpado que protegia a zona traseira das instalações do QG, vi militares nossos a usarem raparigas de cor, talvez com seis ou sete anos, em atos sexuais, a troco de algumas moedas. Nada podia fazer contra isso, pois já por ter acabado com o inferno acima descrito, tinha de andar sempre com uma pistola Walter no bolso e carregada com bala na câmara, pois os intervenientes, depois de estarem no estado normal, queriam vingar-se, o que nunca conseguiram. Este estado de coisas não era de admitir no exército. Mas como se vê, pelas descrições feitas desde o início da ida para o ultramar, tudo estava desorganizado.

Em agosto de 1963, já com a guerra em estado avançado, estávamos no centro cripto, na sala do chefe, eu, o capitão João Pedro, o Sargento Matagal e o Alferes Guilherme Gabriel, conversando sobre diversos assuntos, até que veio a questão a nossa posição na guerra. Diz o alferes que "andamos ali com tanto esforço e, de um momento para o outro, um qualquer burro político manda entregar isto sem mais nem menos." O capitão disse que isso não era muito provável. Então, por minha vez, apresentei o meu ponto de vista, tendo em atenção os profundos dados que possuía, sobre os acontecimentos em outros territórios africanos e que estiveram sobre o domínio dos brancos europeus. Afirmei que, se queríamos ganhar a guerra pela certa, teríamos que varrer o território de norte a sul e se, mesmo assim, se a guerra continuasse, então, estávamos lá a mais. Pois nós somos e seremos sempre brancos e os outros são e serão sempre pretos. Não há hipótese de alterar esta situação, pelo que no meu ponto de vista, o homem preto não tem alternativa certa de escolha: ajuda as nossas tropas e o inimigo ataca-os, ajuda o inimigo e as nossas tropas atacam-no. Dessa maneira, o preto não tinha escolha e para mim, ou era terrorista, ou já tinha sido, ou então ia sê-lo, em tempo oportuno.

Conversas destas, só eram possíveis por nos encontrarmos num local secreto a que só as pessoas credenciadas, que eram poucas, tinham acesso. Em resumo: todos tínhamos razão.

. * .

Quando terminou a sua comissão de serviço, o coronel Carvalho Antunes foi substituído pelo Brigadeiro Horta e Campos, o qual foi nomeado comandante militar e Comandante-em-Chefe das Forças Armadas na Guiné. Começou logo por testar a prontidão dos homens do QG e dos Batalhões anexos na defesa das instalações. De vez em quando, lá tocavam as sirenes. De seguida, vinha passar revista acompanhado pela sua comitiva. Eu achava impossível que este serviço tivesse de ser feito por entidade tão elevada. Não haveria, no seu conjunto, nenhum oficial que fosse capaz de testar as nossas tropas devidamente, ou isto era só vaidade? Pergunto isso, porque Sua Excelência andava quase sempre acompanhado pelo fotógrafo militar.

Um dia de tarde, estava dentro do centro cripto e tocou a sirene. Imediatamente, tomei a minha posição de defesa, que era a proteção à porta forte de entrada das nossas instalações, enquanto outro militar ia para a parada, proteger a janela do primeiro andar da nossa sala de operações de cifra. O meu chefe, já nessa altura Tenente, abre a porta e pergunta-me se eu não queria o boné ou capacete, pois tinha vindo em cabelo. Respondi-lhe que não.

Como estava de pistola à cinta passei-a para o lado esquerdo para ficar com a pistola-metralhadora do lado direito. Passados uns três minutos, sai da sala de operações militares, o nosso comandante-em-chefe, à frente de uns tantos oficiais e vem direito a mim. Como estava em cabelo não lhe podia fazer a continência e também não lhe fiz apresentação de armas, porque estava em defesa e não em fachada. Como o senhor já tinha demonstrado, por diversas vezes, que não gostava de perder continências, como o tal sargento, ficou furioso apenas por eu me ter posto na posição de sentido, o que já não era mau de todo, atendendo a que era guerra não uma fantasia. Perguntou rispidamente se tinha munições. É claro que tinha, sempre levei a guerra a sério. Não fui para lá para andar atrás das mulheres pretas.

"Mostra!", ordenara ele, pois, creio que não acreditou na verdade da minha informação.

"Dando um jeito à perna, levantei, num repente, a pistola-metralhadora FBP, dando uma pancada na mola, o carregador saltou imediatamente com as balas à vista. O homem parece que se assustou e virou logo para as escadas a resmungar. Nada percebi. O tenente, chefe do centro cripto, estava atrás da porta a ouvir, pois tinha vindo espreitar pelo óculo. Assim, que eu entrei, perguntou o que se passou. Depois disse-me que estava bem arranjado com a situação. Respondi-lhe que quando toca para defesa, não podemos estar primeiro a engraxar as botas e colocar gravata, caso fôssemos por esse caminho o inimigo ficaria muito grato.

.*.

Uma noite, às 23 horas e cinco minutos, estava a deitar-me na cama do meu quarto e ouço seis tiros de arma ligeira, talvez uma pistola de calibre 6,35, que foi disparada no exterior do quartel, a poucos metros da camarata onde me encontrava. Comecei a vestir-me a toda a pressa visto que aquilo não era bom sinal. Quase simultaneamente, as sentinelas começaram a responder e cerca de 30 segundos depois, as sirenes a tocar. Era fogo por todos os lados. Nunca tinha passado por uma situação semelhante. Corri para o meu local de trabalho, assim como os outros para o deles, enquanto as tropas de defesa tomavam as posições na parada interior.

Começaram por entrar no edifício do QG, os oficiais, sargentos e praças que ali prestavam serviço. Todos aqueles que não tinham missão definida, foram para a varanda do primeiro andar do edifício ver as tropas em movimento. Acontece, e como já tinha dito atrás, nem todos os militares estavam familiarizados com as suas armas por falta de treino e um deles dispara uma rajada para o ar, tendo as balas passado junto daquele pessoal que, num segundo se atira para dentro, ficando três deitados em cima de uma das secretárias e de tudo quanto estava em cima delas. O fogo continuava a toda a força. Eram rajadas de metralhadora e disparos das espingardas Mauser dos saldados indígenas. Passados cerca de 20 minutos, chegou o comandante-chefe que já vinha de Bissau onde tinha residência. Mandaram sair duas Chaimites que fizeram também disparos. Ao fim de quarenta minutos, houve cessar-fogo. Nada de anormal aconteceu. No meio daquela confusão toda, ninguém se feriu, um autêntico milagre, já que havia casas muito próximo e muitas centenas de militares em ação. Com todos estes problemas anormais, permaneci no centro cripto até às quatro horas dessa madrugada a cifrar o sitrep para Lisboa. Depois, às 8 horas já entrei novamente ao serviço.

. * .

Não se sabe exatamente porquê, mas possivelmente por influências de Amílcar Cabral, todos os países africanos, e países de índole comunista, e alguns do norte da Europa, inclinaram para a proteção aos guerrilheiros que atuavam naquela província. Tal foi o elevar de pressões e auxílios, que as tropas portuguesas ficaram rapidamente em desvantagem. Pensou-se, como recurso, prender a mãe daquele dirigente a fim de tentar que o filho a viesse procurar e assim se conseguir a sua captura. Como a ideia era absurda, acabou por não ser posta em prática. Assim, e para socorro das NT, foram deslocadas duas companhias que se encontravam em Cabo Verde, e desviadas outras que seguiam para Moçambique. Dias houve, que as nossas viaturas tapadas com lona e, com dois homens na frente e dois na retaguarda, iam à cidade fazer demonstração de força, dado que nos noticiários internacionais afirmavam, garantidamente, com plena segurança, que as NT não saíam da cidade de Bissau, pois todo o território era já controlado pelo nosso IN. Esses noticiários ouvi-os muitas vezes num mini-rádio que levei para lá. Uma das emissoras que transmitia em português, todos os dias, era a Rádio Conacri, e que se dedicava a desmoralizar as NT. Naquele posto emissor de rádio, normalmente, os nossos desertores eram obrigados a falar, deitando pela boca fora aos microfones, uma dúzia de asneiras engendradas pelos comunistas que combatíamos. Na teoria isso era verdade em parte, pois que, em qualquer ponto do terreno podia surgir uma emboscada, mas também era certo, que as NT se deslocavam por todo o lado nessa época.

. * .

Voltaremos mais tarde a falar neste assunto, mas agora, volte-se à vida no QG. Por substituição do Chefe do Estado-maior do Comando Militar, foi feita a apresentação do novo chefe, que percorreu todas as instalações, entre as quais o centro cripto, para onde foram mandados apresentar o sargento mecânico cripto e o seu ajudante primeiro cabo especialista. Diga-se que o oficial chefe do Estado-maior do QG, tinha acesso às nossas instalações, por imposição do seu cargo. Ao entrar no gabinete do nosso chefe, onde estavam os dois militares referidos, o dito oficial virou-se para o sargento e disse-lhe:

"Com que então por aqui? Depois conversamos!..."

Entrou de seguida no setor das operações de cifra e seguidamente saiu. O sargento, entra em verborreia latinesca. Ninguém o percebia, até que o nosso chefe lhe pede para se explicar. O assunto era fácil. Ambos trabalharam no EME em Lisboa tempos antes, onde em também estivera e ali conhecera os dois. Como por qualquer motivo simples, tinham embirrado um com o outro, e sendo o sargento o mais fraco neste caso, para se livrar de mais problemas resolveu, pura e simplesmente, pedir para ir ocupar o lugar vago na Guiné. Assim, além de ganhar mais dinheiro, poderia ficar longe de tão poderoso inimigo. Como o destino é traiçoeiro! Se o dito sargento tivesse ficado em Lisboa, ter-se-ia livrado daquele muito mais facilmente. Daquele dia em diante, ao movimentar-se pelas instalações, o primeiro sargento, verificava sempre se não havia reencontro para evitar problemas desnecessários, e os homens não se encontraram mais.

.*.

Os combustíveis para consumo das NT eram transportados de barco indo a gasolina em bidões de chapa. Numa altura em que estava atracado ao cais de Bissau o navio de transporte "Cruz", um dos latões desprendeu-se do gancho e caiu em cima de outros, rebentou e incendiou. Os bombeiros da cidade acorreram prontamente e dominaram o incêndio. Mas se os médicos curassem todas as doenças, ninguém morria... e foi o que aconteceu. Os bombeiros apagaram o incêndio e foram-se embora. Ninguém se lembrou que a gasolina se tinha infiltrado para o fundo do porão a arder. Passados alguns minutos, depois dos bombeiros saírem, começaram as explosões dos latões. Analisada a nova situação a sentença foi dada: abandonar o barco e alguém que o leve para fora do cais. Tomadas as novas diretivas, o barco foi levado com o seu fogo de artifício para encalhar numa ilha em frente a Bissau, a uma distância que já deixava a cidade livre de perigo. Chegou a noite e o espetáculo começou a ter interesse ao vermos as explosões que de vez em quando saíam pelo barco fora. Com a subida da maré, que naquela zona se faz sentir muito, o barco desencalhou e foi passear rio acima, para mostrar uns quilómetros mais longe a sua deslumbrante exibição. De manhã, com a descida das águas, a embarcação volta e passa pelo ponto de partida, todo prazenteiro, a mostrar, mais uma vez, o seu show. Acabou por encalhar próximo do mesmo local onde tinha sido abandonado e o fogo acabou por não ter passado para os outros porões.

. * .

Numa manhã, quando entrei de serviço, verifiquei que o cabo operador estava a datilografar uma mensagem emitindo mais uma cópia do que aquilo que estava determinado nas instruções de cifra, as quais tinham de ser cumpridas rigorosamente. Dado tratar-se de assuntos confidenciais, secreto ou muito secreto, as coisas não podiam ser feitas à vontade do freguês. Informei que estava errado. Disse-me que era ordem do Chefe do EM e a cópia a mais se destinava a ele. Continuei a dizer que o referido chefe não tinha autonomia para essas alterações, portanto, a cópia da mensagem não deveria sair sem chegar o nosso chefe. Uma hora depois, foi posto o problema ao Tenente Guilherme, o qual, contrariando as instruções escritas, era favorável à emissão da cópia, pois o chefe do EM, sempre era chefe e dos grandes. Continuei a protestar contra essa ideia, dizendo para se propor o caso à Cheret a Lisboa. Dado que um assunto destes, exposto àquela entidade, viria a trazer problemas, o referido tenente revolveu pôr o assunto à consideração do Capitão João Pedro, chefe das transmissões, cifras e custódio do material secreto da Guiné. Este ficou entre a espada e a parede, dizendo que eu só levantava problemas. Respondi-lhe, simplesmente, que alterassem as instruções porque o que estava escrito era para se cumprir e eu não estava ali a fazer favores. Se algo corresse mal, os mais pequenos é que levavam as pancadas com mais força. Esclareço que o dito chefe do EM só queria cópia das mensagens de operações militares que eram dirigidas a outras repartições e que tomando conhecimento antecipado ia logo falar do assunto ao comandante-chefe (engraxar, o termo correto). Assim, por causa da minha imposição, tudo voltou à situação anterior, mas alguns oficiais que tiveram conhecimento do assunto achavam que eu tinha ido longe demais. Possivelmente, eles não teriam coragem para tomar tal atitude.

.*.

A 29 de março de 1963, recebi o primeiro louvor, pelos bons serviços prestados no serviço do Ccp, onde prestava serviço.

. * .

Quando aquele oficial chefe do EM foi substituído por outro. Não ficámos melhor servidos, pois este era colecionador de continências, tal como o referido sargento. A especialidade deste senhor era estar atento a quem lhe não fazia a continência, pensando talvez assim bater o IN em caso de necessidade. Um dia, ao sair do QG, todos os militares que estavam sentados junto da porta da casa da guarda, à sua passagem, levantaram-se e fizeram a respetiva continência. Um deles, que estava à paisana, pôs-se de pé, mostrando o devido respeito por aquela entidade. Curioso, o chefe mandou parar o carro e perguntou o que estava ali a fazer um homem vestido à civil. Foi informado que se tratava realmente de um civil, funcionário dos serviços de manutenção e que (por ser boa pessoa), estava a cumprir uma pena de prisão. O nosso chefe ficou muito nervoso ou talvez furioso: "Onde é que já se viu um indivíduo a cumprir prisão, estando à solta?", resmungava ele, "Está mal. Isto não pode ser!"

O sargento da guarda é que era o culpado de o ter cá fora. Recolheu imediatamente ao seu lugar. Seguidamente, o oficial em questão, dirigiu-se para a carreira de tiro que ficava a pouca distância daquele local, para praticar tiro de pistola. Enquanto disparava ia dizendo para o seu motorista que o acompanhava:

"Um preso à solta?", seguidamente disparava, Pum! E por cada pum!, voltava a repetir, "Um preso à solta?"

. * .

Como eu me deslocava à cidade todos os dias para almoço e jantar, ou até para dar um passeio, fazia normalmente esse percurso a pé. As viaturas militares que passavam, quer num sentido quer no outro, e desde que tivessem lugares, paravam para nos dar boleia, segundo as orientações que tinham sido dadas pelo ex-comandante Carvalho Antunes. Uma tarde, ia a meio do caminho em direção ao QG, quando um jeep parou a poucos metros à minha frente, – sinal de boleia – até porque não estava mais ninguém na estrada. O condutor fez-me sinal para subir, o que fiz, após ter feito a continência ao oficial que seguia no lugar da frente. O jeep avançou e o oficial começou a protestar com o condutor, por ele ter parado. Eu fiquei muito incomodado com tal situação, não querendo de maneira nenhuma, contribuir para que o oficial ficasse mal disposto por ir mais um elemento no carro, que até nem era só dele, pertencia a todo o povo português, e ainda mais que continuasse a resmungar com o condutor. Mas o que mais me incomodou, e até hoje, este assunto já reapareceu na minha mente milhares de vezes, foi o de ter reconhecido logo, à primeira vista, o oficial, de posto Major e nome Couceiro, que conheci do tempo da Messe, quando ele fora oficial da PSP do

Porto, tendo sido sempre um grande amigo meu. Nessa altura era apenas capitão. Fiquei desolado com aquela atitude, não por mim, mas pelo condutor. Assim, pensei: "Mais galões nos ombros, mais peneiras na cabeça!" Apesar de me ter cruzado com ele muitas vezes, nunca me identifiquei para que ele não me reconhecesse. O meu orgulho era superior a uma boa amizade e tinha que ser mantido por questão de dignidade. Com oficiais deste género, nunca o exército português teria capacidade para ganhar uma guerra de guerrilha nem mantê-la tão pouco.

Outro caso oposto. Como já disse, as roupas assentavam-me mal. Para melhor apresentação, mandava fazer calções e camisas em tecido de qualidade, e medidas ajustadas ao meu tamanho.

Uma das vezes que fui do QG para a cidade, um jeep parou a meu lado para dar boleia. Ao lado do condutor, viajava um capitão e tudo pertencia à Polícia Militar. Pensei logo: "Outra vez mais assunto". Continência e subi. O dito oficial vira-se para trás, pergunta qual é a minha especialidade e depois de ouvir a resposta e observar o meu crachá, muito cordialmente, diz-me que estava bem fardado, só que precisava de ter uma dobra na meia manga da camisa, pois estavam um pouco compridas, o que ele mesmo fez. Fiquei espantado com tal atitude, pois duvidei das boas intenções dele.

.*.

A distribuição do equipamento no exército pecou sempre pela desorganização. Quando me foi distribuída a roupa ultramarina, não me deram meias altas por motivo de as não haver. Assim, quando cheguei à Guiné, fui à companhia a que estava adstrito para que mas fornecessem conforme me tinham informado no BT em Lisboa. Também não havia, nem houve. Um dia tive que ir à cidade aproveitando o transporte militar que ia e vinha. Fui fardado com a roupa de serviço em que incluía meias curtas. Depois de comprar o filme que tinha em vista, fiquei na rua à espera do jeep. Passados dois a três minutos, aproxima-se uma patrulha da Polícia Militar, dizendo-me um dos elementos que não podia estar ali, com meias curtas, pelo que tinha de os acompanhar para o forte da Amura, onde funcionava o serviço daquela polícia. Assim, não aceitando a explicação de que estava à espera de transporte, sem mais fundamento, não pus reticências e lá fui no meio do dois militares, armados de pistola-metralhadora e eu de pistola. Não levantei problemas para que eles não me pedissem a identificação e ao longo do caminho, cerca de 700 metros, fui arquitetando um plano para desaparecer sem deixar rasto, dado que conhecia muito bem toda aquela zona. Quando já tinha um programa, a uns 50 metros da Porta d'Armas do dito forte, surge um jeep dos grandes, carregado de artigos comestíveis, conduzido por um soldado preto que era jogador de futebol. Ao ver que eu ia em má companhia, olhou muito espanta-do. Ao mesmo tempo dei-lhe sinal de afrouxar, o que ele fez rapidamente ao aproximar-se. Repentinamente, saí do meio da escolta pelo lado de trás, saltei para cima da viatura dizendo:

"Acelera!"

Só parámos no QG e eu, dentro do Ccp. O estado ainda me deve o valor de umas dessas meias que acabei por comprar na cidade para evitar ter que aturar avestrúncios cheios de peneiras e fitas brancas.

. * .

Apesar de ser o serviço anexo ao nosso que fazia as senhas do dia, para darem às sentinelas e a todos os que delas necessitavam, a maioria das vezes, mesmo trabalhando de noite, nem sempre nos as forneciam. Uma noite em que estava de serviço, cerca das 2 horas da madrugada, por estar com muita sede e não haver água filtrada no QG, resolvi ir à minha camarata ver se encontrava ali o precioso líquido. Perto do edifício ficava a porta que dava entrada para um dos batalhões ali sediados que era guardada, dia e noite, por pessoal branco. Quando me estava a aproximar da dita sentinela, esta mandou fazer alto, solicitando a senha. Fiquei atrapalhado, pois tinha ouvido o clique de destravar a arma e também não sabia a senha, havendo ao mesmo tempo bastante escuridão, mas a resposta saiu rapidamente, pois nestes casos não se pode pensar.

"Qual senha qual C....., eu sou fulano de ...."

"Então, avance para reconhecimento!"

Avancei e tudo correu bem. Mas avisei-o que ia logo regressar ao QG.

. * .

A alimentação das tropas era normalmente orientada e gerida por um sargento, que naquela província tinha a designação de Vaguemestre. Uns forneciam comida razoável, outros aceitável e outros péssima. Numa das companhias, que pertenciam ao Batalhão anexo ao QG, os ânimos andavam exaltados havia algum tempo. Reinava um descontentamento geral nos soldados e cabos que não aceitavam comida fraca e pouca. Para piorar a situação, um dia, o sargento vaguemestre, dessa companhia, apareceu com um automóvel novo e o pessoal pensou logo que o dinheiro tinha saído daquele que seria para as refeições. Então, ao almoço, resolveram cortar o mal pela raiz. Puseram uma corda no refeitório, presa a uma trave de suporte do telhado e havia que enforcar o dito sargento, o que felizmente não chegou a acontecer, visto ter havido intervenção de pessoa responsável. Mas, dada a insatisfação do pessoal que já não acreditava em promessas, foi formado um grupo para se encarregar da gerência da cozinha. Foi o princípio da autogestão e a demonstração que no exército já não havia controlo absoluto. Como um dos elementos dessa companhia era meu camarada de serviço no Ccp, de nome Carlos Rapaz, convidou-me para ir lá almoçar com ele, para me certificar da qualidade da comida, depois daquelas confusões todas. Digo que por tudo aquilo que observei e comi, estaríamos num hotel de pelo menos 4 estrelas, pois até um cálice de vinho do Porto fazia parte da ementa, sendo que a verba despendida era pouco mais ou menos igual à anterior. Daqui, cada um pode tirar as suas conclusões.

No mesmo agrupamento, um dos capitães foi promovido a major, conforme publicação no documento oficial do exército na metrópole, só que, enquanto a publicação não se fazia no comando militar do CTI da Guiné, o dito oficial já andava com os novos galões no bolso, para os mostrar, à socapa, aos seus subordinados, demonstrando uma autêntica criancice.

. * .

No período a seguir ao almoço, os homens que estavam livres, normalmente, iam para a caserna tratar dos seus assuntos até às 15 horas. Numa das ocasiões também lá estava um dos elementos que era o fala-barato da companhia. Como alguns queriam aproveitar para fechar os olhos por uns minutos, insultavam-no do pior, para que ele se calasse. Em dado momento, entra o capitão da companhia e pergunta se estava fulano. Os que não se aperceberam de quem estava a perguntar e, julgando tratar-se do mesmo fala-barato, começaram o tratamento verbal, que faria corar uma estátua de pedra, tal o rosário saído daquelas bocas, acompanhado de foguetes. O citado oficial atravessou a caserna, saindo pela porta do lado oposto, sem comentar o assunto. Quando todos se aperceberam do que acontecera, já ninguém teve vontade de dormir.

. * .

Voltando novamente ao movimento no QG.
Uma noite, cerca das 2 horas da manhã, chega uma
mensagem dirigida ao chefe do EM, rotulada com
um grau de urgência de "Urgente Operacional". Dado
que não havia estafeta para levar as mensagens, pois
apesar de ser um QG, pertencia a um exército pobre.
Como também não podia reter a mesma e, atendendo
ao seu grau de urgência e conteúdo, que para todos
os efeitos deveria ignorar, já que os operadores cripto
eram cegos, surdos e mudos, resolvi ir entregar a
mensagem na residência do dito oficial, visto que o
oficial de dia também não resolvia o caso. Acompanhado pelo condutor de serviço, um soldado preto,
fomos de jeep até à dita residência. Depois de bater
quatro ou cinco vezes, uma voz sonolenta fez-se
ouvir. Identifiquei-me e a porta abriu-se uns
centímetros, sendo a primeira coisa a ver nada
menos que uma pistola de guerra, igual à minha.
Era o nosso chefe a jogar à defesa. Entre resmungues
e talvez mais alguma coisa, assinou o protocolo e
regressámos à base. De manhã, o QG entrou em
alvoroço, pois o chefe do EM tinha sido acordado a
meio da noite e isso não podia acontecer por causa
tão simples. A mensagem solicitava a evacuação com
urgência de um ferido para o hospital em Bissau. A

mim não me competia analisar o teor das mensagens, apenas o grau de urgência. Por minha parte, cumprindo escrupulosamente as instruções, talvez contribuísse para salvar uma vida ou aliviar um sofrimento, a troco de uma hora de sono. Depois disto, ficou nomeado um oficial permanente para receber todas as mensagens de caráter urgente, a qualquer hora da noite. "Como se poderia ganhar guerras se um QG funcionava como um escritório em que os seus elementos cumpriam horários de pedreiro?"

. * .

Com todas as notícias difundidas no mundo exterior, sobre as guerras que Portugal defrontava em África, os jornalistas estrangeiros, como atualmente os de Portugal, procuravam dar informações fantasiosas e até duvidosas para que pudessem ganhar a sua vida. Por causa dos acontecimentos relevantes naquela província, solicitaram ao governo de então autorização para uma deslocação ao local. Disso foi informado, via cifra, o chefe do EM, que imediatamente se opôs através de mensagem enviada a Lisboa. Nova informação para o CTI Guiné. Nova informação para Lisboa. De um lado dizia-se que não, do outro lado diziam que sim.

Depois da troca de algumas mensagens sobre quem mandava mais, uma chega que decide que os referidos jornalistas iam mesmo para aquela província. Apenas se deveria condicionar as suas visitas a determinados locais e então ficou estabelecido o seguinte: "Tudo o que estivesse destruído fora o IN quem fez; só falavam determinados elementos militares. Os outros alegavam desconhecimento de línguas estrangeiras e nada diziam. Dada a imposição por quem tinha a força hierárquica, o chefe do EM manda mensagem a Lisboa para dar a sua concordância, dizendo: "Se essa fauna de abutres quer vir, cá os esperamos." E foram, e pouco viram, e pouco souberam.

. * .

O Exército Português, dentro do seu longo período de guerra, teve poucos traidores, isto é, elementos que se passaram para o lado do IN. Dos que conheci que o fizeram, é de lamentar o motivo tão baixo que serviu de base a tal atitude, demonstrando que esses indivíduos não tinham todas as suas faculdades mentais. Se um homem trai os seus, como pode ser bem aceite pelo inimigo? Jamais será uma pessoa de confiança. O caso mais célebre que conheci foi o do alferes Marreta, pertencente a uma companhia do QG, que tinha muito boa reputação entre os seus soldados. Observei algumas vezes ele a pagar cerveja na cantina a muitos deles, o que eu achava estranho. Aconteceu que, num interrogatório a um preso IN, internado no hospital militar de Bissau, este identificou como elemento colaboracionista o dito alferes. Foi uma coisa terrível. Um traidor entre nós. Por mim, o fuzilamento seria imediato, e na parada do QG. As nossas vidas estavam em perigo. Concluiu-se que quando saía em operações de reconhecimento, abandonava os seus homens indo conferenciar com os terroristas. Um dos graves problemas foi também o ter divulgado as chaves de cifra a que tinha acesso, quer as do ativo, quer as de reserva. Assim, foi preciso substituir tudo.

Já agora aproveito para fazer um relato. Era necessário ir levar as novas chaves da cifra a Bafatá que ficava no interior do território. Quase sempre, quem fazia esse serviço era o oficial Custódio do MCpE ou, no seu impedimento, um sargento investido das mesmas funções. Mas acontece que, por terra era problemático andar em segurança, dado que se podia cair em alguma emboscada e isso não era agradável nem convidativo para ninguém. Pelo ar não era possível, pois não havia avião ou helicóptero disponíveis para tal. Todos estavam em operações. Mas o assunto tinha que ser resolvido rapidamente. Ao ver tanta incerteza e tanto medo nos habituais intervenientes da substituição das cifras, resolvi dizer que ia fazer isso, e se preciso fosse até ia só. O que não podia ser, evidentemente. Um dos oficiais diz logo:

"Lá estás tu a brincar outra vez..."

"Se alguém tem medo de ir por terra eu vou!" – exclamei.

Depois de vais e não vais, ficou assente que ia, só faltando a autorização. Dois dias depois, às oito horas da manhã segui, escoltado por oito homens, em dois jeeps, transportando comigo o envelope do material secreto. Os responsáveis pela minha saída queriam que levasse pistola-metralhadora e granadas de mão, o que recusei pelos seguintes motivos: Primeiro: "O uso de armas de disparo automático era um perigo, pois, como já tinha acontecido diversas vezes, gastavam-se todas as munições e depois nem pedras havia para atirar ao IN"; segundo: "As granadas de mão, de que eu tinha um medo terrível, naquele período eram de origem espanhola, tendo algumas vezes explodido quando transportadas pelos nossos soldados, o que naturalmente lhes causava a morte"; terceiro: "Quando fui para aquele território, foi-me distribuída uma espingarda Mauser, ficando eu como primeiro cabo, especialista em cifra de grande unidade, equiparado em armamento a qualquer soldado indígena. Assim, levei comigo a dita arma e ainda a pistola Walter, reforçado em munições.

Apesar das instruções que dei para que o segundo carro ficasse sempre à distância do primeiro, em movimento ou parado, pelo menos cem metros, acontecesse o que acontecesse, pois se fossem juntos, em caso de emboscada, poderia não haver hipótese de salvar o material, já que o resto era secundário. Foi sermão pregado aos peixinhos. Quando o primeiro jeep parou para atravessar na jangada, o segundo só não se encostou àquele por escassos centímetros. Tive que barafustar e dizer que ali um só homem emboscado nos abatia a todos num segundo. Destas burrices já tinha conhecimento suficiente para não ser previdente. Aconteciam em série. Não havia noção de que o IN poderia estar à espera em qualquer sítio e momento. Era verdade que havia desprezo pela própria vida.

. * .

Um sargento que foi prestar serviço para Bissau levou com ele a mulher. Em má hora o fez, pois ela começou a dar vales a outros militares e de tal tamanho foi o escândalo, que o comandante militar deu despacho para a reenviar para Lisboa. Caso não o tivesse feito, este assunto viria a dar muito mais que falar e talvez a população da Guiné tivesse aumentado.

. * .

Em tempo de guerra, qualquer ramo das forças armadas faz o possível para dar uma certa alegria aos seus homens, criando espetáculos dos mais diversos setores de animação, e competições desportivas entre os elementos do seu setor e também, entre ramos diferentes. Dentro deste princípio, teve início o campeonato de futebol militar da Guiné. De certa forma foi decorrendo com a normalidade possível. Porém, num dos jogos no campo junto às instalações do QG a sopa entornou-se. Alguns dos espetadores presentes, maioritariamente militares do exército, acabaram por virar a panela. Como em qualquer jogo que se preze, os insultos aos jogadores, e principalmente ao árbitro e seus familiares mais diretos, coisas da civilização, começam porque se assim não for, não há jogo de interesse para a boa formação das mentes. Além disso, como não fosse suficiente para um bom espetáculo desportivo, começou a caça ao árbitro; um sargento. A confusão foi tal, que este teve de fugir para o batalhão mais próximo, devidamente escoltado e encerrado na prisão para sua proteção. Aqui está a maneira mais prática de se ver atos de desportivismo, que hoje continuam a ser o dia a dia no nosso país, não me interessando o que se passa nos outros. Levado o assunto ao conhecimento do

Comandante Militar, como se impunha, este mandou acabar, com efeitos imediatos, o referido campeonato e o assunto da desordem e turbulência ficou resolvido num ápice, ficando os adjetivos em suspenso para próxima oportunidade.

. * .

Um dia foi noticiado que as nossas instalações iam ser visitadas pela presidente do Movimento Nacional Feminino e sua comitiva. Para que tudo parecesse muito melhor do que era, foi ordenada uma limpeza geral, como em qualquer visita especial, e mandado retirar das paredes ou dos armários, a pornografia exposta, para que as deusas não se ofendessem. Dos casos que conhecia, apenas existiam algumas estampas de calendário, em que as mulheres estavam somente vestidas em fato de banho, apesar do calor intenso que era comum naquele lugar. Tanta hipocrisia fazia-me nojo e ainda hoje faz, quando vejo diabos a quererem passar por santinhos, não elas, mas aqueles que se preocupavam com o assunto enquanto o inimigo progredia no terreno.

.*.

No edifício do QG, existia um frigorífico onde nós, com a respetiva autorização, púnhamos as garrafas com água a refrescar, pois o calor era insuportável, principalmente de noite. Mas como já disse, nunca havia água filtrada que fosse suficiente para quantos tivessem necessidade de matar a sede. Alguns matreiros, iam ao dito frigorífico e bebiam de qualquer garrafa o que era muito mais simples. Mas, um dos que foi muitas vezes a vítima, não ficou a gostar das experiências de ir beber e encontrar a sua água desaparecida e às vezes com um papelinho a dizer que era preciso enchê-la de novo. A vingança não tardou. Arranjou malaguetas. Descascou-as, pô-las na água, filtrou tudo e encheu de novo a garrafa, colocando-a a refrigerar.

O chefe do EM, naquele dia, manda a sua ordenança buscar a sua garrafa de água para beber. Esse militar, ao chegar ao frigorífico, repara que a vasilha do seu chefe estava completamente vazia. Por causa disso, e para não enervar o seu oficial, leva-lhe a que estava mais à mão.

Entregue a garrafa ao sequioso, copo cheio, e aí vai uma golada das grandes. O dragão, deitou lume e não só... O picante estava naquela garrafa. Levantou-se um tufão naquele primeiro andar. Durante uns

15 dias, ninguém teve autorização para mexer no dito aparelho.

Mas uma coisa má nunca vem só, costuma dizer muito sabiamente o povo. Quando foi instalada a rede telefónica militar, para os serviços e repartições, coisa que não havia quando lá cheguei, alguns mais atrevidos, pela novidade, entretiveram-se a telefonar para este ou para aquele e mandá-los apresentar a um superior. Numa tarde, o telefone da casa da guarda tocou, atendendo o sargento de serviço que recebeu o seguinte recado:

"Fala o chefe do EM, venha cá ao meu gabinete!"

Aquele sargento por já ter sido enganado duas ou três vezes, responde:

"Com que então, chefe do EM... Não querias mais nada... Vai-te f..."

O dito oficial não gostou da conversa, pousa o auscultador, encaminha-se de imediato para a casa da guarda que ficava a uns 50 metros. O sargento ao vê-lo desfez-se em desculpas. contou o que se tinha passado com ele, pelo que julgou tratar-se de mais uma brincadeira. O oficial, a muito custo, acabou por aceitar isso, mas o sargento não ganhou para o susto, nem para as bocas que lhe mandaram durante uns tempos.

. * .

As relações entre a província da Guiné e a república do Senegal, azedaram-se por diversos motivos relacionados com a guerra local. O embaixador daquele país em Bissau, era um homem alto, de cor e fumava um cachimbo bastante grande, com dois cornos, um dos quais já estava partido, pelo que toda a gente reparava nele. Num dos contactos com as autoridades militares, o dito embaixador protestou contra as nossas tropas, ameaçando fazer pressões internacionais. Ao darem a notícia ao nosso comandante-em-chefe, este exclama:

"Ele que veja se quer que lhe parta o outro corno!"

Não fora preciso. O homem retirou-se para o Senegal sem que ninguém o obrigasse.

Outro incidente em Bissau, foi com a embaixada da Bélgica. Um sargento do nosso exército, acompanhado por outros militares, em perseguição de dois presumíveis elementos do PAIGC, entraram dentro do edifício da dita embaixada provocando uma reação ao mais alto-nível. O desconhecimento da inviolabilidade de terreno estrangeiro foi o que motivou tal acontecimento.

. * .

Ao fim de algum tempo depois de chegar à Guiné, o nosso chefe mandou ir para ali a sua esposa. Para que não estivesse de serviço de noite, pois as mensagens tinham de ser assinadas e conferidas por ele, deixava-nos os impressos para as mesmas assinados em branco, confiante da nossa boa execução da matéria em questão. Uma noite, uma das mensagens recebida para decifração, continha vários erros de transmissão. O operador de serviço, que apesar de ser bom camarada, tinha poucos conhecimentos da realidade da vida, dado tratar-se de pessoa que tinha sido agricultor, na região transmontana, até ir para a tropa. Nunca tinha ido a uma grande cidade. Como o seu QI, no exame psicotécnico era suficiente para aquela espe-cialidade, foi lá parar. Nas transmissões se usam muitas abreviaturas, como inimigo, por IN; nossas tropas, por NT; como comandante-chefe por COMECHEFE; comandante militar, por COMEMIL, e assim por aí adiante. Cerca das dez horas da manhã, o nosso chefe foi chamado para resolver um caso relacionado com uma mensagem entregue na repartição operacional, dado que ela não continha linguagem muito esclarecedora. Em vez de dizer: "IN, cimo palmeira, atacou NT, provocando baixas";

dizia: "Hiena cimo palmeira arranhou NT, provo-cando baixas". Quando o chefe regressou ao Ccp, vinha a ferver com tanta ignorância e com as orelhas a arder, pois ficaram a saber que ele não podia ter lido a mensagem e depois tê-la assinado.

. * .

Quando na ONU, o representante do Senegal apresentou queixa contra o Estado Português, porque a nossa Força Aérea tinha bombardeado duas povoações do seu país, foi um tal corridinho de trocas de mensagens para o QG e deste para Lisboa, pedindo explicações e dando-as. Nesse dia, e nessa noite, fartei-me de cifrar e decifrar. Até foi preciso ajuda de outros elementos já que eu não dava vazão a tantas mensagens com longos textos. A resposta em síntese era negativa. No dia indicado, os nossos aviões de combate e bombardeio não levantaram, pelo que era mentira a acusação que faziam contra Portugal. Se o tivéssemos feito, não chegava para pagar a cobertura que eles davam ao nosso IN, estando todos os países interessados e preocupados com esse assunto, uma vez que também lá queriam ir buscar qualquer coisa, como mais à frente veremos. O que aconteceu, foi que o representante Senegalês, recebeu uma data errada, ou então não sabia a quantas andava. As missões tinham sido executadas com diferença de um dia, apenas que houve erro e Portugal livrou-se da censura.

. * .

O major Correia Andrade, especialista no interrogatório de elementos de nível superior que eram presos, estava desfasado da realidade, julgando que se resolviam assuntos da natureza que vou contar, com simplicidade infantil. No seu gabinete instalado no QG, já usava o truque do gravador de conversas escondido e comandado por um botão instalado debaixo da sua secretária, que ele acionava conforme o seu interesse. Dois dos elementos que ali iam muitas vezes para serem ouvidos, e que eu encontrava com muita frequência lá dentro das instalações militares, até recebiam um subsídio, cerca de seiscentos escudos por mês, para compensação do seu arrependimento e sua colaboração com as NT. Isso criou uma certa agitação de discordância nos nossos soldados. Um dia, quando entrei naquele gabinete para entregar uma mensagem ao citado oficial, os mesmos iam a sair, por ter terminado mais uma conversa fiada. O major vira-se para mim dizendo:

"Estes dois já estão mentalizados, é só mais uma lavagem ao cérebro e já estão completamente do nosso lado."

"Duvido!", disse-lhe, "O olhar deles não engana ninguém e eles serão sempre pretos."

Depois de mais alguma conversa sobre o funcionamento do seu sistema de trabalho, regressei ao Ccp, que ficava a oito metros daquele gabinete. Cerca de uma semana depois desta conversa, os dois homens referidos deixaram de aparecer no QG, sem mandarem recado. Os dias passaram e a esperança foi-se à luz do dia. Notícias, nem por sombra. O informador ao serviço do QG, nada conseguiu saber sobre eles, mas ele também era preto.

Este oficial, como disse, era um lírico. Numa das nossas conversas disse-me que nós, os da cifra, podíamos fazer serviço de espionagem. Isto era, dava-nos umas notas e nós íamos para as tascas da cidade fazer contactos e sacar pormenores para depois o esclarecer. A minha resposta fora rápida: "Nem pense! Um branco no meio dos pretos ou um preto no meio dos brancos, distingue-se a milhas, e eu só tenho um corpo!"

A ideia acabou por ali mesmo.

Passados cerca de vinte dias, depois do desaparecimento dos dois elementos que tinham sido mentalizados do erro que faziam ao pertencer ao IN, houve um ataque a instalações junto do aeroporto de Bissalanca. Houve reação das NT que na altura identificam a presença de um guerrilheiro como sendo um dos dois já citados e que não conseguiram capturar. Foi caso para dizer: "Boa mentalização aquela, ou santa ignorância?" O ditado que diz: "Quem o seu inimigo poupa, às mãos lhe vai morrer", é bem verdadeiro. Mas o mal não era só daquele major, pois, regra geral, as diretivas políticas eram para se fazer a guerra e a paz ao mesmo tempo, isto era; atacar e fazer ação psicos-social. Ninguém via que o caso não tinha solução apesar de tantas experiências em África.

. * .

Enquanto alguns oficiais só queriam continências, outros facilitavam noutras coisas graves. O interior do Ccp precisou de ser pintado. Foi chamado um pintor indígena para fazer aquele serviço. Acontece que, dada a natureza de segurança que as cifras e códigos exigem, para salvaguarda dos interesses nacionais dos países a que dizem respeito, o nosso caso também não podia deixar de ser exceção. Assim, a limpeza de qualquer origem, era feita por nós próprios, conforme as necessidades. Desta maneira, para casos de obras, estava superiormente determinado que se tomassem as medidas impostas no MCpE. Depois de verificar que nada tinha sido feito nesse sentido, e motivado pela presença do elemento estranho, resolvi chamar a atenção do meu chefe de serviço, Tenente Guilherme Gabriel, para os riscos que estávamos a correr, ao ter um elemento alheio ali dentro, que poderia muito bem ser um agente ao serviço do inimigo contra quem combatíamos. Este ouvindo-me, como sempre, diz:

"És de bom tempo... ele o que quer é uma tigela de sopa!"

"Está bem. Se algo correr mal, só não quero estar na cadeia à sua espera!"

.*.

Quando o capitão João Pedro acabou a sua comissão, o pessoal do CCp, Radiogoniometria e Escuta, Cifras e Códigos e Transmissões Internas reuniu-se no gabinete daquele oficial, tendo o nosso chefe feito o elogio ao seu superior hierárquico, já que entre todos, tinha grande poder de oratória e, muito especialmente, depois do almoço. Após cerca de vinte minutos de verdades e alguma graxa pelo meio, o discurso acabou. Dada a confiança que havia entre mim e aqueles superiores, aproveitei para comentar, afirmando:

"Tudo mentira!"

Como só alguns se riram, os outros quiseram saber o que tinha dito. Entre eles estavam os dois intervenientes. Repetida a frase, novamente uma risada, mas desta vez geral.

. * .

Por um dos nossos poucos traidores ter fugido para Conacri, foi anunciado na rádio, que todos os dias nos queria chatear com conversa sem sentido, que o desertor ia falar a determinada hora para os seus camaradas, (que ele tinha acabado de trair) e que era de todo o interesse nós ouvirmos as suas recomendações. Estas normalmente escritas pelo nosso IN, pois percebia-se que eles estavam ali sob pressão a ler uma coisa que nem saberiam exatamente o seu significado.

No dia seguinte à comunicação difundida, no gabinete do referido major Correia Andrade, veio a lume a conversa por qualquer motivo, que este não tinha gravado a alocução, e de que tinha muita pena, pois não podia fazer o relatório. Então, muito simplesmente, o primeiro cabo das transmissões que estava presente, prestou-se a fornecer um importante conhecimento sobre o caso, dizendo simplesmente:

"Não faz mal! O cabo, fulano de tal, gravou!", referindo-se a um camarada que tinha rádio e gravador. A reação que qualquer um dos presentes esperava, era no mínimo um "muito bem, arranjem essa gravação." Mas tudo saiu ao contrário. Mandem já buscar esse homem. Ele também está metido na fuga. Ele é .... ele é.... e, ele era tudo. Até já a PIDE vinha à baila.

Seguidamente, fora mandado apresentar tendo sido pressionado com interrogatório para apuramento dos motivos que o levaram a proceder àquela gravação. Foi mais uma tempestade naquele QG e apenas pela "porcaria" de uma gravação que fora ouvida por milhares, senão por milhões.

. * .

Quando a companhia que era comandada pelo Capitão Daniel Antonelo veio para o QG faltava algum tempo para a sua rendição. Uma das missões que lhe foi atribuída foi a de manter sentinelas de guarda e proteção às instalações.

Os elementos daquela companhia eram exemplares no comportamento, enquanto estiveram instalados no mato em operações avançadas durante mais de ano e meio. O funcionamento do aquartelamento era igual a qualquer um dos quartéis da metrópole. O seu comandante não dava baldas a ninguém e assim, no QG, acabaram as baldas nas entradas e saídas de toda a gente estranha àquelas instalações militares. A liberdade que os civis tinham para entrar dentro das instalações, principalmente as mulheres que iam buscar e levar as nossas roupas, proporcionavam que tomassem conhecimento de posições estratégicas de defesa e localização dos materiais de toda a espécie, incluindo armamento. Já tinha chamado a atenção, mais do que uma vez, para o perigo que se corria ao terem conhecimento perfeito destes aspetos. Depois disso, passou-se a ir fora das instalações entregar e receber a roupa, finalmente.

. * .

Voltando às noites de bebedeira. Um dos homens a quem isso aconteceu foi ao primeiro cabo Cardoso, condutor do chefe do EM, que de vez enquanto se descuidava, só parando na cama a lamentar a sua sorte. Depois, todos ou a maioria dos camaradas gozavam com o seu estado. Ele, no seu estado de movimento de rotação alcoólica, nem sempre era precisa grande quantidade, bastava o calor que se sentia, para que o efeito aumentasse, por essa razão, muitas vezes dizia:

"Ai! Se eu fizesse aquilo que a minha mãe-zinha me recomendou, nada disto me acontecia..."

Realmente, as nossas mães têm sempre razão, mas não podiam estar ali presentes para avivar os conselhos. Daí, resultando as tais bebedeiras e seus efeitos que já descrevi.

.*.

Quantas mais tropas chegavam à Guiné, mais escassas se tornavam as instalações. Assim, tive de mudar três vezes de caserna e sempre para pior. Em novembro de 1963, juntaram todo o pessoal de transmissões do QG, que estava repartido por diversas camaratas e quartos, numa só caserna. É claro que não podia ficar calado, porque nessa mesma caserna, havia militares pretos que pertenciam às tropas auxiliares. Não era uma questão de racismo, porque era mesmo isso que estávamos ali a fazer, combatê-los. Estava em perigo a nossa segurança; eu cá nunca fui em conversa fiada: "eles estão do nosso lado."

Se nos arrumassem todos de uma só vez, dado que não era difícil, o sistema de transmissões ficava em parte sem utilidade. Razões e mais razões, mas nada havia a fazer, a falta de instalações assim o obrigava, e a falta de inteligência também. Continuava-se a brincar às guerras e aos vencimentos.

.*.

A quinze de janeiro de 1964, fui chefiar um CCp de campanha para apoiar o Comando-Chefe da "Operação Tridente", que funcionou a bordo da Fragata Nuno Tristão. Oito dias antes do início da operação, toda a gente sabia que ela se ia realizar. Era incrível como estes assuntos, de tão grande responsabilidade, eram do conhecimento geral. Até na cidade alguns civis sabiam disto e muito naturalmente, o IN também. A zona afeta a esta operação era a das ilhas Como e Caiar, junto à foz do Rio Tombali, perto da República da Guiné Conacri, que depois de independente tinha como presidente o sanguinário e famoso Sekou Touré, que deu abrigo aos elementos do PAIGC, a começar pelo seu chefe Amílcar Cabral.

Dependendo ou não do conhecimento que o IN tinha da operação, esta foi um fracasso. Programada para oito dias, com início em 15 de janeiro de 1964, fiquei lá 44 dias e regressei a Bissau, por ter acabado a comissão, e a operação continuou com poucos progressos, traduzindo-se num total de 72 dias de combates.

Foram utilizados todos os homens e meios disponíveis do Exército, Marinha, Força Aérea, incluindo Fuzileiros, Para-Quedistas e os Comandos que vieram iniciar a sua atividade tendo chegado de Angola. Na manhã imediatamente seguinte à nossa chegada e depois do navio ter lançado âncora, os militares começaram a sair para as outras embarcações para iniciarem o ataque. Enquanto se dirigiam para a praia a nossa aviação metralhou a zona. O IN estava à espera e de tal maneira o fez que, os nossos homens ficaram imobilizados, sem poderem progredir no terreno, uma vez que os guerrilheiros estavam abrigados. Foi uma tarde de aflição naquela fragata. Os altos comandos da operação, em constante reunião, acabaram por concordar em mandar uma força de fuzileiros para proteção dos elementos em perigo e fazer o recuo em segurança. Ao fim do dia, o Brigadeiro comandante-chefe da operação, fez um elogio aos homens intervenientes, dizendo que aquilo não fora uma derrota, mas sim uma estratégia e, logo na manhã seguinte, iriam desembarcar novamente no mesmo local. Assim foi efetivamente. Mas desta vez, os nossos aviões de combate metralharam e bombardearam, com grande intensidade, toda aquela zona e o desembarque pôde realmente ser feito, embora a progressão no terreno fosse muito reduzida.

Para transporte das tropas instaladas na fragata Nuno Tristão e no Contratorpedeiro Vouga, os dois maiores barcos integrantes da operação, foram utilizados toda a espécie de botes, lanchas e outros barcos, alguns artesanais e outros de aspeto duvidoso.

Quando se aproximavam das margens para desembarque e dado que a costa naquele local é muito extensa e direita, alguns barcos encalharam nos bancos de areia e ali ficaram adornados. Um deles transportava um pelotão sob o comando de um alferes que dada a sua nova situação de encalhe, e enquanto não foram dadas novas ordens, o pessoal ficou ali na praia. O Comandante-em-Chefe das Forças Armadas da Guiné, Brigadeiro Horta e Campos, vem a bordo da fragata no helicóptero, para o qual tinha sido instalado, à ré, uma plataforma de madeira. Ao sobrevoar o local onde se encontrava o dito pelotão, observa que os homens estavam a fazer turismo como nas praias do "Algarve". Dado que não tinham ido prevenidos com calções de banho, estavam em cuecas, pelos menos. O dito comandante, fica furioso ao ver que nem tinham sido montadas sentinelas de guarda, pois estavam numa zona que pertencia ao IN, e as águas cheias de tubarões. Manda descer na praia, sai da nave e pergunta quem comanda aquela hoste. De entre os calçoneiros, apresenta-se um dizendo que é o alferes que comanda. Após breves trocas de palavras, o Brigadeiro dá um murro na cara do dito alferes que o atira para o chão. Mete-se no helicóptero e segue o seu destino.

Como disse, a operação era para oito dias. Os oito passaram, os quinze também e os trinta também se foram aproximando sem que se avistasse um controlo e progressão efetiva no terreno.

A dada altura, recebemos a visita do Ministro da Defesa, General Montalvão Limpopo, que ali ficou uma semana para comandar ele próprio as operações e reuniu, naquela unidade naval, com o comandante chefe das FA; o comandante da Força Aérea da Zona Cabo Verde/Guiné; o comandante da Defesa Marítima; o comandante da Base Logística e o chefe da Segunda Repartição do QG, que depois de estudarem a situação em conjunto, as operações de ataque, tiveram nova dimensão.

Como já disse, as tropas portuguesas debatiam-se com muitos problemas; em armamento; em treino e ainda em motivos pelos quais ali estavam. O IN estava a ganhar terreno ou pelo menos, não o perdia com facilidade; o que era mau. Iniciadas novas operações no teatro de guerra, uma das quais foi a utilização de artilharia de longo alcance, só que não a tínhamos assim disponível. Então, foi deliberada a utilização do canhão do Contratorpedeiro Vouga para o efeito desejado. Sob a orientação de um oficial da marinha a sobrevoar a zona pretendida, iniciou-se o bombardeamento. Aquele oficial ia comunicando via rádio mais para a frente mais para trás, até que diz:

"Continuar! Acertou no zé!"

O operador de rádio da marinha que recebia a comunicação era nabo, pediu repetição, pois não percebera. Nova transmissão nos mesmos moldes e novo pedido de repetição, pois o homem recetor não sabia quem era o zé. Assim, o oficial lá do alto, diz:

"Acertou no IN! Porra! Continuem..."

Então, para espanto meu, Sua Excelência o General Montalvão Limpopo, dá ordem de suspensão de fogo; já não se podia gastar mais material naquele dia. Apesar dos protestos do marinheiro aéreo, nada conseguiu e foi mandado regressar à base. E nós que estávamos a ver todo este desenvolvimento, pensávamos, cada um por si, mas que "raio de porcaria" de ataques são estes?

Um dia depois desta cena de teatro, o referido Ministro da Defesa Nacional abandonou a província e os comandos voltaram à situação inicial.

Era ver os chefes superiores da operação dos três ramos a discutirem uns com os outros. Todos queriam ser os melhores, todos queriam ser heróis nos feitos dos outros.

O IN tinha de ser combatido, custasse o que custasse, mas material bom e eficaz havia pouco. Foi preciso inventar. Com armamento caseiro, durante a noite, vinha um avião bombardeiro P2V5, estacionado na ilha do Sal em Cabo Verde, fazer despejo de bombas, já que a nossa artilharia era de trazer por casa. Quase todas as madrugadas, entre a uma e as duas horas lá vinha o nosso amigo protetor. Entrava em contacto com a fragata, recebendo as coordenadas. Cumprida a sua missão, regressava à base. Isto tinha que ser feito de noite, por motivos óbvios. Naquele local, por mais bombas que se despejassem elas pouco efeito faziam, o IN estava abrigado e a vegetação era muita e não ardia, nem com Napalm.

Andava um avião bombardeiro T-6, a que se chamava bicicleta motorizada, dada a sua velocidade lenta e ruidosa que fazia, pilotado pelo alferes aviador Pinheiro, a bombardear à frente dos nossos olhos, quando eu disse para o sargento das transmissões da fragata que ele estava a voar muito acima da copa das árvores. A continuar assim ia ser atingido. Passados dois minutos foi a tragédia. O avião fora atingido, caiu e o piloto morreu. Foi para mim um dia de tristeza já que o conhecia muito bem.

Num dos primeiros dias da operação, estiveram presente a bordo da fragata, os paraquedistas que ali chegaram ao anoitecer, e que na manhã seguinte iriam partir para operações de limpeza. Como se comentou que o IN estava a dar que fazer, um deles disse que aquilo era canja. Já vinham de Moçambique e todos sabiam resolver os assuntos rapidamente. Como nestas ocasiões é preciso ter mais sorte do que ser inteligente, só lhe disse:

"Abre muito a boca e pode ser que te acertem!"

Na madrugada seguinte começaram as tropas a sair para as suas missões. Como o meu serviço de cifra foi sempre muito reduzido, eu passava a maior parte do tempo a observar a metralha e bombardeamentos feitos pela aviação e a ouvir as trocas de mensagens no posto de rádio da fragata, onde tinha instalado o meu CCp, visto não o poder instalar no CCp do vaso de guerra, dadas as suas exíguas dimensões. Assim, estava constantemente ao par da evolução das operações na linha da frente.

Nessa manhã, chega informação de que tinha havido baixas nos paraquedistas. À noite, quando chegaram alguns deles, perguntei quem tinha sido a vítima. De explicação em explicação, o atingido fora aquele que na véspera se gabou da sua experiência, e a quem eu tinha dado aquele recado. Com certeza que não sou supersticioso nem acredito no destino marcado, mas carrego comigo aquele pensamento da boca que lhe dirigi.

Esta operação tinha começado mal. Estávamos a embarcar no porto de Bissau, e faltava ainda uma companhia de fuzileiros que se tinha atrasado não sei porquê, embora o seu comandante já lá estivesse. Ao fim de algum tempo de confusão, lá se avistou a formatura que se dirigia para o navio. Chegada ao local, o dito oficial dirigiu-se ao sargento que a comandava, que depois de verificar algumas anomalias, atira o sargento por terra, com um murro que lhe deu, sendo de seguida metido na prisão do barco. O dito sargento estava embriagado e não portava a sua arma. Ao tentar apoderar-se da arma de um militar da coluna, fora-lhe dada ordem de prisão. Como já se viu, isto era a guerra dos cowboys.

A meio de fevereiro ia ser celebrada uma missa a bordo da fragata por intenção dos militares falecidos em combate. Um dos militares que nos andava a avisar da hora a que ia começar, insistiu para que eu fosse. Disse-lhe que não. Isso para mim não representava nada. Insistiu e voltou a insistir, até porque iriam estar presentes os altos comandos da operação e, portanto, não deveria faltar. Dada a sua insistência, informei-o de que se me obrigassem a estar presente cumpriria a ordem, mas, moralmente, nada ali faria. Deveriam ter feito mais alguma coisa para evitar que morressem, porque as missas não resolviam o assunto. Caso encerrado.

Desde que embarquei na fragata e até que vim embora, deixei crescer as barbas. Passados uns oito dias de estar ali, estando normalmente sem boné, passou um capitão de uma das companhias intervenientes na operação que já conhecia do QG, mais do que suficiente, pela sua natureza envaide-cida, não lhe fiz a continência, como é óbvio, embora o tenha cumprimentado com o devido respeito, como mandava a hierarquia. O homem vira-se todo furioso, começando por implicar com as barbas, pela falta de boné e por falta de fardamento adequado. Até pensei que era preciso estar de farda de gala, para receber o IN no caso de aparecer por ali. O dito oficial até nem deveria saber o que eu estava a fazer naquele momento, mas posso dizê-lo:

observava a estupidez dos militares que tinham deixado ali, a uns metros, montes de granadas de mão, foguetes para as lanchas e granadas de morteiro, ao sol, sem qualquer proteção para evitar o calor abrasador que se fazia sentir. Estávamos no princípio de fevereiro. Acaso um daqueles objetos rebentasse, e dado que o navio tinha muitos explosivos, eu não estaria aqui a escrever estas notas. Nessas coisas não reparava o senhor oficial, porque se mantiveram alguns dias assim; parecia o material no sucateiro.

Num dado momento, o operador de rádio, saiu dali para entregar uma mensagem. Entretanto começam a chamar pelo nome de código daquele posto. Era uma mensagem de velocidade de tratamento "Relâmpago". Eu fiquei atrapalhado, pois não sabia onde chamar o dito operador e por outro lado, também não podia abandonar o meu posto, e em terceiro não me competia fazer de operador de rádio. Mas, dada a insistência do transmissor e como já tinha visto operar muitas vezes, e ainda porque este grau de urgência, só é usado ou deve ser usado em casos extremos, resolvi operar. Recebida a mensa-gem em linguagem normal, passei-a imediatamente à ponte de comando. Tratava-se de informar que um avião desconhecido estava a sobrevoar as nossas tropas. Ordenada a elevação de dois jatos nada conseguiram detetar, pois que desde a receção da mensagem e a sua aproximação ao local, distaram cinco minutos. Outra informação, por outra fonte, informou o comando que tinha sido observado um submarino em águas territoriais. Com o apoio dos países comunistas e dos dois países africanos vizinhos, não era de admitir que estes casos fossem ilusórios. Estávamos praticamente no princípio da guerra e os problemas já eram desconcertantes, conforme depois se veio a verificar. Para mim, hoje considero que o teatro de operações na Guiné, correspondeu em perigosidade como a um Vietname em ponto pequeno, claro. Sendo de lamentar, que os nossos heróis, não tenham sido homenageados com filmes descritivos das suas situações vividas, a exemplo dos americanos, mas não produções de baixo nível, como alguns já nos demonstraram. Os que o tentaram fazer, nunca representaram o papel real vivido sem a utilização de fantasias ou ignorâncias.

Uma vez que a operação fora prevista para oito dias, os alimentos do navio, começaram a ser escassos, tendo ficado durante muitos dias reduzidos a pouco mais que bacalhau, alguns legumes e vegetais. Quando foi a minha primeira refeição a bordo, o sargento marinheiro perguntou-me se queria almoçar e jantar com o pessoal do exército que lá estava ou se queria comer com o pessoal da cozinha, ali a escassos metros, que o faziam depois dos outros. Nem pensei duas vezes: "Com o pessoal da cozinha, evidentemente." O cozinheiro era um excelente mestre de culinária, apesar da base ser sempre a mesma, ele variava na sua apresentação o que não me provocava reticências na repetição do prato. Assim, quem não estava doente, comia bacalhau; quem estava doente comia bacalhau; quem estava ferido comia bacalhau e quem estava de dieta, bacalhau comia.

Alguns marinheiros entretinham-se a pescar e quando apanhavam algum peixe, mesmo fraco, havia logo quem propusesse a troca por um prato de bacalhau. Nesta pescaria, até conseguiram apanhar um tubarão tigre, que para o içarem sem perigo o abateram com um tiro de espingarda Mauser.

Foi por tudo isto, que a minha experiência, neste local, foi muito boa, apesar das dificuldades que por ali passei.

Estava ainda a bordo do navio de guerra, quando tomei conhecimento da publicação, em ordem de serviço do QG do CTI, de 7 de fevereiro de 1964, do segundo louvor pelos bons serviços prestados naqueles dois anos de comissão, ao serviço da pátria.

Após rendição na frente de operações, por ter terminado o período de dois anos, saí do barco em helicóptero para a base de apoio logístico, a funcionar junto do areal onde estava encalhado um dos barcos referidos.

Ali fiquei à espera de transporte para Bissau. Perguntei quando iria sair dali. "Tem que esperar porque não se sabe", disse-me o oficial a quem me tinha dirigido. Dadas as respostas que obtive junto de outras entidades, fiquei sem saber, como e quando dali sairia, como sempre. Assim, resolvi ir junto do referido barco, que estava à distância de uns 800 metros para me despedir dos camaradas conhecidos e que ainda ali iriam continuar. Cerca de uma hora depois, já próximo do quartel da base logística, vejo levantar um avião que se encontrava no fundo da pista de areia na praia. Acabo de chegar e pergunto para onde vai o segundo avião que já vinha em movimento de aceleração ao fundo da referida pista. Resposta: "Bissau!"

Não havia tempo a perder. Pegar no equipamento e correr para a pista, com a ajuda de um outro operador e fazer sinal de paragem. Conseguido, entrei de qualquer maneira dentro do aparelho, com os papéis e artigos a caírem por todo o lado e o avião a levantar rapidamente, sem me dar tempo de me sentar, quanto mais pôr o cinto. Como era a primeira vez que ia de avião, um Dornier de 7 lugares, e dentro daquela confusão toda, não sabia se estava a segurar as coisas ou a mim mesmo, enquanto a máquina tomava altitude. Depois de estabilizada a situação, com o avião a voar serenamente, o oficial do exército que acompanhava o piloto, disse para ele que estava a observar qualquer coisa estranha entre as árvores a bombordo da nave. Outra vez a minha aflição. O piloto orienta o avião naquela direção, descendo em voo picado, a todo a força, e eu não conseguia saber em que posição estava dentro daquela geringonça. Quando tentava olhar para o exterior, já via o planeta por cima de mim. Feita a aproximação, verificaram que eram apenas uns animais em pastagem, voltando à sua situação inicial. Desde esse momento até ao aeroporto de Bissalanca, nada mais aconteceu.

Enquanto esperava por transporte militar para me levar ao QG, uma enfermeira Tenente Paraque-dista, vendo-me de barbas grandes e tanto equipa-mento, quis saber se eu tinha vindo da "Operação Tridente", Resposta afirmativa. Perguntou-me como estava a minha moral, tendo-lhe respondido que era sempre estável, não tinha altos nem baixos.

"E as nossas tropas?", inquiriu.

"Também têm de estar bem, porque isto não é para brincar, nem para insatisfeitos."

Desanimada com esta conversa, desapareceu rapidamente da minha vista.

Chegado ao CCp do QG, e após regularização de todos os assuntos que me estavam entregues, fiquei livre a aguardar o dia de embarque. O meu chefe, que já tinha sido promovido a Capitão, pediu para que eu ficasse mais um ano na comissão, e assim todos nós os quatro, nos manteríamos ali em grupo firme. Eu argumentei que aquilo não era para mim, pois com o meu sentido de disciplina como eles já tinham comprovado, um dia caía num buraco feito para a minha medida e estragava a minha carreira e ainda mais, porque tinha realmente feito os exames para continuar a tropa, só que não me promoveram no tempo oportuno. Estava, então, decidido a regressar à Metrópole. Apesar das insistências de todos eles, nada alterou a minha decisão.

. * .

No dia 4 de março de 1964, embarquei em Bissau, no navio Manuel Alfredo, com mais três militares e seis urnas funerárias, contendo os restos mortais de outros tantos combatentes que, naquele território, tinham glorificado a sua Pátria, em troca das suas vidas. Hoje, digo: "Por nada."

No momento da largada, senti a maior saudade de toda a minha vida até hoje, porque estavam presentes alguns meus camaradas que se foram despedir de mim com as lágrimas nos olhos. Já pensei muitas vezes fazer uma visita àquele país, mas para não vir a sofrer uma deceção, por todas as alterações verificadas nestes anos decorridos, ainda não o consegui.

Antes de chegar a Lisboa, ainda estava à minha espera um acontecimento digno de registo. O barco em que viajei de regresso vinha sem carga, e quando passámos nas proximidades da Ilha das Canárias, o mar estava muito alterado e o barco oscilava muito. Como vinha num porão, transformado em dormitório e refeitório, ficando o meu beliche a estibordo, até adormecia embalado. Cerca das duas horas da manhã, tive que me levantar e amarrar as malas e sacos que não paravam de andar aos tombos e pôr, também, um cinto por cima de mim para que não caísse abaixo da cama.

No dia em que iria desembarcar, informaram que quem quisesse tomar banho em água quente, o poderia fazer. Como havia na coberta um grupo de chuveiros, instalados para os militares, eu aprovei-tei. Às oito horas da manhã fui tomar o dito banho. Abri a torneira da água quente e esta nunca mais chegava. Estava despido e ao frio, provocado pelo vento marítimo que soprava a bom soprar. Resolvi ir-me molhando conforme aguentava aquela água gelada. Depois de molhado e ensaboado, houve que lavar a sério e, entre ais e uis, tomei um banho tão frio, e com água salgada, que ainda hoje sinto na mente o calor que aquilo me provocou na altura. Bem me enganaram!

Desembarcado, a 10 de março, as primeiras pessoas a ver em terra foram dois agentes da PIDE, que ali estavam de serviço. Olharam para as minhas coisas, já que eram muitas, mas acabaram por seguir.

Regressado ao BT, onde apresentei a minha guia de marcha, fiquei à espera da passagem à disponibilidade. Mas ainda aqui tinha de acontecer mais alguma encrenca para despedida. Ao fim do dia, ninguém sabia do documento, e sem ele apa-recer eu ainda não tinha chegado. Passou o dia 11 e nada. Então no dia 12, passo pelo primeiro sargento da companhia, o qual já me tinha despachado para a Guiné, que me diz:

"Se não queres ficar na tropa para sempre, será

melhor mandar-te embora. Caso fiques até a guia aparecer, irás ficar velho!"

Nesse dia de tarde saí definitivamente da tropa. Felizmente, não tinha comunicado a ninguém, da minha família, que regressava, caso contrário, estariam em aflição por nunca mais aparecer em casa.

TERCEIRA PARTE

Cheguei ao Porto, apresentei-me no emprego que tinha deixado para ir cumprir o serviço militar, tinham-se passado 38 meses. O meu lugar estava ocupado, ficando o chefe do escritório de resolver o meu problema e que, portanto, fosse fazer umas férias.

Regressado às Termas de S. Vicente, ali fiquei uns dias. Ao fim de dez dias telefonei para a Empresa das Águas, informando-me que ainda não tinha passado lá o administrador principal, Dr. Tiago Cavaleiro Vasco Silveira, assim, que continuasse a aguardar. Entretanto, o meu tio que estava na Messe, disse-me que poderia ir trabalhar para a PIDE, porque havia vaga e eu tinha todas as possibilidades de entrar. Quando me informou, respondi: "Nem pense nisso!... Qualquer dia isto dá uma volta e não quero ser cortado aos bocados para chouriços, tal é a fama que essa polícia tem, principalmente no ultramar."

No segundo dia a seguir ao domingo de Páscoa, desse ano, fiquei doente com o Paludismo. Os médicos não me receitavam nada que atuasse, por mais boa vontade que tivessem. Apenas mandaram aplicar injeções de Terramicina e tomar vitaminas. A febre aumentava e diminuía conforme a altura do dia e o estado do tempo. Fiquei perto da loucura com temperatura tão alta e tendo sempre tanto frio, enquanto a minha mãe sofria junto de mim, dizendo-me que ia mandar chamar o padre. Eu respondia-lhe sempre que não ia morrer, só precisava de médico. Por vezes, de noite, levantava-me a fazer barulho, pois procurava a minha arma. Os meus irmãos que dormiam em quartos anexos, iam meter-me na cama outra vez. Nada disto me lembra de ter feito, apenas os "pensamentos-sonhos", ou vice-versa, que ficaram gravadas para sempre no meu "eu". Como não se encontravam no mercado das redondezas e até no Porto, onde foram procurados, os medicamentos mais indicados, num período de maior lucidez pedi, através de carta para um ex-camarada que lá tinha ficado, para me enviar ampolas de Resoquina e comprimidos de Quinino, o que foi feito rapidamente. Ao fim de 60 dias de cama, e como sempre me alimentei muito bem, consegui recuperar e voltar à empresa para começar a trabalhar. Nessa ocasião tinham ido dois irmãos para a tropa e seguido para a Guiné, tendo um terceiro, que estava já mobilizado para Moçambique, fraturado o calcâneo, a saltar as caixas que eu sempre detestei, sendo dado incapaz para o serviço militar e apto para se sustentar, depois de operações para resolverem o assunto. Como ele não podia trabalhar, por não ter ficado em condições de o fazer e estar a sofrer com os movimentos de deslocação que fazia e, porque havia em casa seis filhos a comerem sem nada ganhar, escrevi uma carta ao então Presidente do Conselho, Dr. Oliveira Salazar, a contar a situação daquela família, pedindo-lhe que fosse concedido um subsídio provisório dadas as situações expostas, uma vez que a permanência de dois na tropa e outros dois doentes, sem poderem trabalhar, contribuíam para um desequilíbrio financeiro daquela família, como de tantas outras. A resposta foi negativa, acrescentando que no caso de haver miséria, procurasse a Misericórdia em Penafiel. A família dos quatro homens que prestaram serviços à Pátria, não tinha merecimento. "Honrai a Pátria que a Pátria vos contempla."

.*.

Como tinha rádio antes de ir para a vida militar, do qual pagava a referida taxa oficial, enquanto estive na referida província da Guiné, por motivos óbvios, não paguei aquela licença, tendo o mesmo aparelho ficado danificado por falta de uso durante os dois anos, acabando por ser destruído. No sentido de legalizar a situação das taxas, escrevi para a então Emissora Nacional, contando toda a história e dizendo que, considerassem a anulação dos débitos, se os houvesse, uma vez que estive ao serviço da Pátria e o rádio não tinha sido utilizado. Ao fim de uns dias, recebi daquela entidade, como compensação da minha honestidade, a conta para pagar, o que agravada com as multas por falta de pagamento atempado, me levaram quase todo o dinheiro que possuía. Não restavam dúvidas, o siste-ma não perdoava, mesmo àqueles que o defendiam.

. * .

Como ficaria a mais no escritório no Porto, deram-me a hipótese de ir para o Gerês, onde havia um lugar de supervisor, que já estava vago há uns anos. Aceitei e lá fui ter a Braga, com o engenheiro civil que era o representante da administração na Empresa no Gerês, onde só ia raras vezes, pois era professor em Braga, além de outras atividades que exercia.

Assumindo a atividade nos primeiros dias de junho de 1964, comecei por verificar que o funcionamento daqueles serviços era de uma grande confusão e outros, de forma artesanal, com um século de atraso. Pondo a funcionar a imaginação, alterei quase todo o sistema, o que me valeu alguns problemas, principalmente por parte dos médicos ali de serviço, que mais pareciam os donos das Termas.

Embora tivéssemos muitos problemas entre os dois, diga-se a verdade que, principalmente o Dr. Sousa Moreira, médico durante muitos anos naquelas termas, prestou um grande serviço ao Gerês e aos seus pacientes, às autoridades locais, bem assim como à própria empresa, mas nunca lhe prestaram a devida homenagem.

Fiquei instalado no chalé da empresa e a

tomar as refeições na Pensão Avenida, já demolida nesta data.

. * .

Em 5 de dezembro de 1964, casei com uma rapariga natural do lugar do Gerês, de nome Adélia Matilde, a quem dedico os versos, (anexo um) que tem sido, ao longo da minha vida, o meu braço direito e até metade do esquerdo. Ela nasceu quando a sua mãe já tinha 46 anos. Era a filha mais nova de Ana da Neta, figura típica do Gerês, conforme publicação no jornal "A Voz da Abadia", de 26.7.90, ao mesmo tempo poetisa espontânea, de quem poucos versos existem, porque nem ela nem outros os anotaram, a não ser estes que foram publicados num livro de um padre que foi pároco na Freguesia de Vilar da Veiga, a que pertence o Gerês.

Senhora de Fátima,
Rainha de Portugal,
Abençoai hoje,
Este laço conjugal.

- - - - - - - - - -

Ó meu Menino Jesus!
Bem tolo é quem vos ama.
Quem toma amores convosco,
Não dorme a manhã na cama.

Este versos foram cantados numa igreja cheia de gente, na cerimónia de um casamento. Não tendo o referido pároco gostado dessa intervenção.

O referido chalé, dado que era o melhor prédio de habitação que a empresa das águas possuía, era ocupado pelos Dr. Vasco Silveira, o General Soares Fontelo e o General Marques Alves. Como o General Soares Fontelo era um homem previdente e sempre com medo de qualquer surpresa, mandou colocar trancas de ferro em todas as portadas interiores dos quartos, para melhor proteção, esquecendo-se da porta principal, que era a mais frágil.

Para todos os problemas graves da empresa, aquele oficial era o salva-vidas. O seu funcionamento era feito sem qualquer interesse da administração, cujos administradores apenas iam uma vez por mês ao escritório receber os seus honorários, quando não era necessário levá-los a casa. Desta maneira, o património entrou em decadência ao longo dos anos. Sempre que vinha o Inspetor, e apesar das recomendações feitas por ele, tudo ficava na mesma. Mas, este também não poderia fazer muitas ondas, pois a empresa era quem lhe pagava a sua estada.

Em 1965, a Direção-Geral de Turismo, envia um ultimato à Empresa das Águas, dando-lhe um prazo de um ano para iniciar a construção de um hotel, conforme a sua obrigação de ser concessionária da exploração termal.

Para resolução do assunto, eu próprio, por

instruções do chefe, enviei o ofício para o referido General Soares Fontelo, ficando assim o problema resolvido.

Aproveito para falar deste oficial general, uma vez que também merece, não obstante a contestação, que se lhe faça justiça. Ouviu-se, durante vários anos, que ele era um grande latifundiário em Felgueiras, para onde iam trabalhar centenas de militares por conta da tropa. Mas essa grande fortuna deveria ser igual à de Salazar, ninguém a conseguiu encontrar. Talvez a história mostre ditadores honestos para com o seu povo. O mesmo já não deverá fazê-lo em relação a todos os dirigentes democratas. A história recente tem-nos mostrado isso, se bem que não podemos considerar todos os ditadores como "santinhos". Aquele general apenas vivia do seu vencimento e a sua irmã orientava a pequena quinta na dita zona de Felgueiras. Quando esta ia para o Gerês fazer tratamento, a Empresa das Águas pagava-lhe a pensão, pois ela não possuía recursos suficientes para o fazer, para o que utilizava dinheiros do saco azul, ou mandavam deitar árvores abaixo, e com o seu produto fazer face àquela despesa. Portanto, muitas injustiças se cometem só por dizer o que se diz.

. * .

O saudoso Miguel Torga, foi um dos grandes frequentadores das Termas do Gerês, onde era muito conhecido, principalmente por ir fazer os tratamentos de roupão e boina. Um dia, depois de almoço, eu, o sr. Constantino que era administrador da Empresa Hoteleira do Gerês e Miguel Torga, estivemos a conversar no Hotel Universal. Como o senhor Constantino mostrou desejos de tomar café, nada mais fácil do que fazê-lo no seu hotel e assim fomos para a sala de jantar. Sentados, logo se abeirou o empregado de serviço. Miguel Torga pediu um copo de água; o sr. Constantino um café e eu nada quis. Como nessa época os hotéis e pensões das Termas do Gerês não podiam servir café aos aquistas, o empregado de mesa ficou muito atrapalhado para servir o seu patrão, pois não lhe queria dizer aquilo que ele deveria saber. O nosso ilustre escritor, ao ver aquela indecisão do empregado, que nem ia nem vinha, diz-lhe:

"Vá aquela mesa e traga aquele café!", referia-se a uma embalagem de café enlatado de um qualquer hóspede do hotel, que o tinha ali para consumo próprio. O empregado obedeceu prontamente. O sr. Constantino serviu-se e disse para Torga:

"Também quer?"

"Não. Eu quando roubo ou mando roubar é só para os outros!"

. * .

Muitas vezes contam-se histórias de acontecimentos milagrosos com as águas do Gerês. Um dos que
aqui vou contar, não é um milagre, mas apenas um
acontecimento.

Na época balnear de 1965, chega um homem
do Porto em ambulância, que se hospeda num hotel
com a esposa, para fazer o tratamento termal, como
já algumas vezes o tinha feito. Ele vinha de
ambulância devido ao seu estado debilitado, provocado por doença do fígado. Começou por fazer a
ingestão da água medicinal no quarto durante os três
primeiros dias. Ao quarto dia, começou a ir apoiado
em duas canadianas tomar a água à buvete. Ao fim
de oito dias, já se movimentava sem qualquer ajuda.

Vem uma manhã ao balneário e pede ao
empregado o livro de reclamações da Empresa das
Águas. O funcionário vem ter comigo e informa o
desejo daquele aquista. Como eu também não tinha
acesso ao livro, mandei dizer que só o poderia ter
quando viesse o representante da administração, o
que deveria acontecer na semana seguinte. Nesse
mesmo dia, telefonei ao engenheiro e contei-lhe a
história completa. Passados três dias, o engenheiro
aparece e voltou-se a falar no livro de reclamações

que estava encerrado num cofre, a que só ele tinha acesso. Em resposta ao engenheiro Monteiro, contei-lhe que, naturalmente, o interessado no livro só iria dizer bem das águas do Gerês, dado o estado físico em que tinha chegado e a recuperação logo após os primeiros tratamentos, mas de qualquer maneira não adivinhava o que a pessoa pretendia. O engenheiro não foi em conversa e, por incerteza ou certeza duvidosa, apenas deixa à disposição daquele senhor, o livro de Honra da empresa. Como voltou a procurar o livro de reclamações, foi-lhe entregue o dito livro de honra. Sentou-se a uma das secretárias do balneário e toca a escrever. Ao fim de meia hora devolveu o dito livro. Como é lógico e com o direito que tinha, levei-o para o meu gabinete e comecei a ler o que de tanto interesse teria ali sido escrito. Bem? Mal? Nem uma coisa nem outra. O homem, unicamente, arrasava em mal-dizer tudo o que pertencia à empresa das águas, parecia que a sua cura o toldou. Eu nem queria acreditar! Nem uma única palavra de gratidão à natureza, já para não dizer à empresa. Parece que o homem estava revoltado por estar a ficar de boa saúde.

Triste como a noite, informei, telefonicamente do acontecimento, o engenheiro Monteiro. É claro que ele duvidou da minha explicação, pois era inacreditável tal coisa. No dia seguinte, para ver com os seus próprios olhos, o que lhe havia contado, deslocou-se de Braga ao Gerês. Ao ver tamanha aberração, disse para tirar a folha, pois no livro de reclamações seria uma tristeza, mas, no livro de honra, era uma nódoa e tudo o que escrevera apenas poderia ser imputável a um doente mental. Por sorte, tudo o que estava escrito tinha sido feito numa folha nova e após delicada operação, a história teve o destino que não era o seu fim.

.*.

Em fins de 1965, o engenheiro Monteiro propôs-me a ida para a Sociedade Industrial do Louro, em Famalicão, para dirigir o funcionamento da moagem e fábrica de azeite. Vim por conta da empresa fazer a experiência e gostei. Como já me tinha apercebido que não era bem visto na empresa por ter feito tantos melhoramentos com o mesmo pessoal e melhor controlo, o que talvez não conviesse, dado que durante muitos anos as ordens foram dadas sem orientação. Como já tinha sido feito pedido para ir trabalhar para o Banco Borges & irmão, através do conhecimento que a minha sogra tinha com o comendador Nogueira da Silva, e do administrador principal do banco, aproveitei para ficar mais perto do Porto.

Apesar dos exames feitos para a admissão, a "cunha" era o mais importante, como prova o caso de ter ficado em primeiro lugar do grupo que fez exame e, quando dei por ela, o segundo classificado já tinha sido admitido ao serviço. A "cunha" dele fora mais poderosa que aquela que eu tinha. Assim, tivemos que arranjar outra que lá foi diretamente ao administrador reclamar do assunto e fui chamado imediatamente para prestar serviço na sede no Porto.

. * .

No lugar do Louro, em Famalicão, apesar de apenas lá ter ficado a trabalhar 4 meses, fiquei satisfeito com todas aquelas pessoas com quem convivi, pois sempre foram de espírito aberto e fizemos muitas amizades rapidamente.

A essa empresa, costumava ir quase todos os dias um indivíduo que morava por ali perto, para dois dedos de conversa. Ao fim de aproximadamente dois meses, deixou de aparecer. Eu que já tinha bastante admiração por ele, visto tratar-se de uma pessoa com elevados conhecimentos da vida e nada pretensioso, resolvi perguntar ao engenheiro Monteiro se sabia o que lhe teria acontecido. Ele respondeu-me desta maneira:

"O homem falou comigo há uns dias e disse-me que tu ainda eras muito novo para dirigir esta empresa tão grande, tendo-lhe respondido que tinhas vindo da tropa onde pertenceste aos serviços secretos."

Pelos vistos o homem ficou atrapalhado pela mentira dos "serviços secretos", embora não estivesse muito longe da verdade, e como tinha qualquer coisa a esconder, em relação à política da época, nunca mais lá voltou.

. * .

A minha admissão no Banco Borges, foi a 20 de abril de 1966, tendo prestado serviço na sede durante 3 dias e transferido para a sucursal de V. N. de Gaia, onde fiquei 22 anos.

No mesmo ano, apesar de casado e já com filhos, e um horário de trabalho muito longo, pois todos os dias fazia horas suplementares, que não eram pagas, pois o serviço tinha que ser concluído. Não valia a pena ir ao sindicato fazer queixa, porque o mais certo era chegar ao emprego e já saberem disso, como já tinha acontecido com outros que o tinham feito. Mesmo assim, comecei a estudar para fazer exames ao liceu, o que me obrigou a um sacrifício muito grande para o conseguir. Todos os dias, às seis horas da manhã, a ser acordado pela minha mulher para que me levantasse e fosse estudar até às oito horas, único tempo disponível. Só chegava a casa pela meia noite. Mas valeu a pena o esforço, tanto estudei e nunca mais parei. Depois do liceu fiz os mais diversos cursos técnico-profissionais e ainda hoje, continuo a estudar tudo o que me interessa para obtenção de conhecimentos.

. * .

Quando, em abril de 1966, vim residir para Vila Nova de Gaia, trouxe comigo um cão de raça Castro Laboreiro, que já possuía desde que estive a trabalhar no Gerês. Dado o seu tamanho, tinha-o no quintal anexo à casa. Ao fim de uns dias, durante a noite, o dito animal começou a uivar, não deixando dormir ninguém das redondezas. Como não queria deixá-lo na rua, pois poderia fazer mal a alguém, pensei numa solução que desse resultado para os dois lados. Como D. Gustavo, a quem eu continuava a visitar na Messe, tinha uma quinta em Cabeceiras de Basto, perguntei-lhe se queria o dito, para guarda. Aceitou logo e, como no próximo fim de semana ia para lá passar uns dias de férias, até dava certo. O Capitão Dr. Constantino Lopes, que estava presente, prontificou-se logo em ir no seu carro fazer a viagem de transporte para todos nós, incluindo o cão. Saímos no domingo às oito horas e fomos almoçar à quinta. Quando lá cheguei, reparei com uma casa que era já mais um museu do que uma habitação. Coleções de armas, livros de Heráldica, as trinta bengalas de D. Gustavo e mais umas não sei quantas coisas velhas, mas que valiam bom dinheiro. Quando aquele senhor estava presente em casa, era hasteada a bandeira brasonada que possuía e assim, nas vizinhanças, todos sabiam que Sua Excelência se encontrava presente. Mal entrou, disse logo para o primeiro elemento que encontrou e trabalhava para aquela casa, que fosse hastear a bandeira. Com exceção de uma rapariga, todos os outros elementos que estiveram presentes, ou eram muitos velhos, tortos, ou aleijados e assim a bandeira nunca mais subia. Passados uns vinte minutos, lá andava D. Gustavo atrás deles, a perguntar pela bandeira e nem a conseguiam encontrar, querendo ao mesmo tempo mostrar-nos como ele tinha importância social naquela terra. Estas confusões começaram cerca do meio dia e às três horas a bandeira ainda não tinha subido ao mastro, nem se via sinais de isso vir a acontecer, apesar do senhor estar sempre a falar no mesmo. Durante a visita guiada àquela casa, eu e o Capitão Constantino Lopes, comentámos que se ele vendesse seis arcabuzes que lá tinha, podia comprar um andar na cidade do Porto, ter criada e viver longe daquele frio que se fazia sentir. Recebemos a seguinte resposta:

"Quanto ao apartamento é bem possível, mas quanto à criada nem pensar. Com aquilo que tenho de lhe pagar, com aquilo que tinha de lhe dar e com aquilo que ela me roubaria, não há arcabuzes que cheguem."

.*.

No mês de abril do ano de 1967, o meu filho, que tinha 19 meses de idade, caiu e ficou com um braço preso de movimentos e com dores. Para estes casos de deslocação de músculos e articulações, o melhor que se deve fazer, é procurar um bom habilidoso, pois, normalmente os médicos não têm tendência para estes casos. Fomos ao Porto à procura de um já conhecido. Não estava em casa por ser domingo, por ser da parte de tarde. Resolvi ir para o hospital de Santo António com o miúdo. Tratadas as burocracias da ordem, entrei para a urgência onde me mandaram esperar, pois o caso era para um ortopedista. Ao fim de uns dois minutos, chegou um médico, fez a pergunta do que se tratava, dizendo que esperasse que isso era com o ortopedista. Mais dois ou três minutos volvidos, novo médico, idêntica informação, idêntica resposta. Deitei o menino numa marquesa que estava livre nessa sala e fiquei a aguardar como já mo tinham dito. Os minutos foram-se passando, o miúdo adormeceu e eu fiquei à porta da sala à espera do tal médico. Ao fim de dez minutos, aparece outro, que faz a mesma pergunta e teve a mesma resposta. Comecei a ficar nervoso com tudo aquilo. Havia na sala geral um grupo de 12 médicos e uma médica, que se entretinham a falar das suas futuras férias, onde as perguntas eram do género:

"Quando vais? Para onde vais? Com quem vais? Quando vens? E assim por aí adiante..."

Ao fim de trinta minutos, nova personagem mistério a fazer a mesma estúpida pergunta, o que demonstrava uma grande desorganização e desinteresse pelos doentes, enquanto o programa de férias lá continuava em evolução, e a obter a mesma estúpida resposta. Passados mais uns minutos, o miúdo acordou. Verifiquei que já não tinha tantas dores e já começada a mexer o braço. Continuei à espera enquanto aquela "corja" ali estava a falar de férias, sem que se levantassem para observar os doentes do hospital, que naturalmente precisariam deles. Ao fim de 50 minutos um dos médicos que já me tinha perguntado, voltou a fazê-lo e eu comecei a disparatar. Levantou-se a nuvem negra de bata branca para saber o que se passava e então, uma série deles queriam fazer a observação do rapaz, tendo-se, no meio daquela confusão, verificado que o ortopedista já lá estava há muito tempo. Assim, ainda mais furioso fiquei, e se na altura tivesse uma arma comigo, poucos restariam para continuar a falar de férias. Ainda estava quente da guerra da Guiné. Depois, não deixei que ninguém tocasse no miúdo e aquele que se atrevesse teria de lutar primeiro comigo. Foi uma confusão geral. Acabei por sair com o meu filho, sem observação, porque naquele meio estaria em mãos criminosas. Não consegui falar com o Diretor do Hospital, porque quando tentei, não o consegui e naturalmente, naquela época, não valeria nada fazê-lo.

.*.

Em 1967, quando nasceu a minha filha, no hospital de Vila Nova de Gaia. Os empregados bancários ainda tinham uma assistência médica e medicamentosa muito escassa. Como ela nasceu por operação, embora pequena, as contas a pagar àquele hospital foram superiores às minhas disponi- bilidades financeiras, ainda mais, porque com oito dias de vida, a criança teve de ser submetida a uma operação de urgência no Hospital Maria Pia, o que veio dificultar muito mais a situação financeira familiar. Recebi o aviso do hospital para ir pagar a conta dentro de oito dias, caso contrário, procede- riam a cobrança coerciva. Esperei pelo vencimento do fim do mês que estava próximo, e antes que eles me hipotecassem a "mulher" e os "filhos", fui pagar a conta. De dificuldade em dificuldade, com boa orientação em casa, tudo se foi resolvendo.

. * .

Poucos anos após o meu ingresso no banco, um episódio teve lugar na referida agência bancária. Um dos administradores do banco de apelido Malafaia, para dar emprego a um dos seus filhos que acabara os estudos, sem completar um curso superior, pô-lo a trabalhar como executivo. As ordens tinha sido claras: "Deve ser tratado como um simples funcionário. Não deve ter regalias especiais sobre qualquer pretexto. A quem o favorecer ser-lhe-á aplicada a sanção conveniente de acordo com a gravidade do assunto."

Atendendo a estas ordens emanadas através da direção-geral do banco, ao gerente da sucursal, o referido elemento deveria passar a ser mais um simples funcionário de execução de trabalhos, o que era benéfico, pois havia falta de pessoal atendendo ao desenvolvimento do sistema bancário naquela década.

Logo que o rapaz se apresentou ao serviço, acompanhado por um diretor de agências, fizeram-se as apresentações da praxe a todo o pessoal e, imediatamente, se notou uma manifesta alteração de procedimentos nas pessoas que ali se encontravam.

As ordens tinham sido claras e foram, naquele momento, reeditadas pelo referido diretor. Mais uma vez, o senhor, filho de administrador, não o era mais, dentro do horário de trabalho. Todos concordaram com isso e assim, daí para a frente, contavam com mais um colega de trabalho.

O rapaz era jovem, pouco mais de vinte anos de idade. Não muito alto, cerca de um metro e sessenta e cinco. Louro, com bonitos olhos azuis. Barba crescida e bem tratada e sempre vestido com distinção e elegância. Era, em resumo, um filho de administrador de banco e não um simples empregado bancário. As mulheres clientes da sucursal, dado que ali só trabalhavam homens, remiravam-no de alto a baixo e, uma ou outra mais atrevida, perguntava a um dos empregados quem era tal senhor, pois a diferença de apresentação, entre ele e qualquer um dos outros, era notória.

Na primeira semana tudo correu dentro da normalidade prevista por quem tinha ordenado a não distinção de categoria social, mas na segunda-feira seguinte as coisas começaram a alterar-se.

À hora de entrada do pessoal o dito funcionário não compareceu, fazendo-o mais tarde cerca de duas horas. Quando chegou, perante o seu gerente, justificou-se de que tinha ido falar com o pai à sede, na rua Sá da Bandeira, nº 20, na cidade do Porto. A justificação foi aceite sem qualquer questão de dúvida. Mas, as inteligências mais apuradas começaram, imediatamente, a pôr as suas máquinas em funcionamento. Então, se viviam na mesma casa, haveria necessidade de ir ao local de trabalho falar com o pai? Era uma interrogação pertinente. Era lógico para qualquer ser pensante. Assim, a atenção, por parte dos ditos ávidos de novidades, passou a estar em posição dominante.

Dentro de algumas conversas que tivemos, o rapaz, meu colega de trabalho, salvo as respetivas diferenças sociais, segredou-me que não estava muito inclinado para aquela forma de vida, mas o pai insistira e acabara por concordar, mas dali não sairia um novo administrador de banco pela certa. Das muitas vezes que conversámos, durante os trabalhos que fizemos em conjunto, depois da agência encerrar ao público, pode-se dizer que conquistámos um mútuo respeito.

Dentro da terceira semana as coisas começaram a sofrer desvios inesperados. Inesperados para alguns, porque, dado o meu entendimento com ele, não seria de esperar diferente. Ele estava ali contra a sua livre vontade de escolha e, talvez, andasse ainda em busca de um rumo para a sua vida.

Desde que começara por chegar mais tarde e sair mais cedo que qualquer outro funcionário, as coisas deram início a bate-papo por parte dos outros funcionários e gerente sobre as desculpas apresentadas.

Quando o diretor, que o viera apresentar no

departamento, solicitou ao gerente informações sobre o comportamento como trabalhador bancário do filho do administrador, explicações foram dadas como se ele fosse o melhor de todos os outros, o que, com certeza, daria uma grande alegria ao progenitor assim que lhe transmitissem os dados.

Não gostei da história. Se nos tinham recomendado, expressamente, que o homem deveria ser tratado como um empregado comum, porque motivo estavam a esconder a verdade? Ele era boa pessoa. Era requintadamente educado com todos, clientes e colegas, disso ninguém duvidava. Nesse campo nada havia a criticar negativamente, mas, quanto ao horário de trabalho que era o que estava em causa, tudo fora escondido. Não estavam a colaborar para que ele viesse a ser um gestor bancário, porque não se pode viver na mentira profissional.

Mais uns dias e as coisas começaram a ir de mal a pior. Os chefes do departamento bancário convidaram-no para que fossem almoçar em conjunto. Das doze às catorze horas, havia muito tempo para o repasto e conversa. Eles, mais do que ele, estavam interessados numa aproximação sólida. Não tiveram o cuidado de pensar primeiro, analisando as possíveis consequências. Entraram na busca daquilo que pretendiam e, abertamente, por ignorância, falaram alto em local não indicado. Assim, alguém ouviu e encarregou-se de transmitir aos outros a novidade. Novidade que era simples: eles protegiam o rapaz perante o chefe, pai dele, e ele, por sua parte, sem se aperceber, daria informação ao pai para que eles fossem promovidos mais cedo que o que determinavam as boas práticas, pois eles foram capazes de fazer dele um digno empregado bancário.

Depois, nos dias seguintes, para o almoço, a cena repetiu-se: "hoje pago eu, amanhã pagam vocês."

Tudo estava dentro do normal funcionamento de camaradagem de trabalho, mas o orçamento do rapaz não ia além do vencimento de trabalhador de banco no início da carreira.

Aproveitando a ocasião, o rapaz falou na necessidade de dinheiro, pois já tinha gasto tudo e ainda faltavam dez dias para o fim do mês. Assim, atendendo de quem se tratava, não faltaram voluntários, os chefes, a financiarem por conta do seu bolso o necessitado.

No fim do mês, quando procedi à emissão dos recibos dos vencimentos e seu pagamento, o rapaz separou o valor em dívida informando-me para quem se destinava aquele valor. De seguida, contando-me a história completa em confirmação da parte de que já tinha conhecimento por outros.

Mais uns dias e a necessidade de dinheiro fez-se apresentar mais cedo que da outra vez, o que era lógico.

Quando confrontados com a realidade, os intervenientes não se mostraram interessados em financiar, pois dali até ao fim do mês ainda faltava muito tempo. Eles eram só bancários e não banqueiros, mas uma solução seria arranjada para que o homem não ficasse mal visto. O pai não teria necessidade de tomar conhecimento de tais casos. Afinal, o rapaz não era um criminoso. Eles é que não estavam a cumprir as ordens que lhe tinham sido dadas. Estavam apenas a olhar pelo seu engrandecimento à custa do mal alheio, isto era: "Ficarás preso e depois terás de fazer algo por nós."

Dentro do limite de crédito que o gerente da agência bancária tinha para conceder financiamento pessoal sem ter de comunicar à direção comercial, fizeram um financiamento, através de livrança, de vinte mil escudos, dado que o rapaz estava para receber uma ajuda financeira por parte de familiares.

No fim do mês, vencimento da livrança, o pagamento efetuou-se. Nos primeiros dias do mês seguinte a cena repetiu-se.

Mais uns dias à frente e em mais uma das conversas que tivemos, o rapaz mostrava-se muito nervoso e dava a entender, como de princípio, que estava errado, no local errado, no emprego errado e, já agora, na hora errada. Disse-me que não nascera para aquilo e que tinha de dar volta ao assunto, quer a família estivesse ou não de acordo. Concordei. Aliás, nunca aceitei a imposição de profissão ou religião e, também, nunca as impôs a nenhum descendente.

No dia seguinte após esta conversa que travámos, enquanto lançava na máquina os cheques sobre outras instituições bancárias do país, a enviar à sede para boa cobrança, o rapaz não compareceu no local de trabalho.

Durante dois dias foi uma aflição constante a falta dele no local de trabalho, principalmente por parte dos elementos de chefia.

Assim que se soube do acontecimento, isto é: o senhor, filho de um administrador do banco, tinha ido para Lisboa, em busca de outra vida que não aquela que lhe queriam destinar por imposição, os interessados nas promoções e outras coisas mais, à custa da sonegação da verdade dos factos e da não contribuição para a orientação do princípio de vida do cidadão, entraram em litígio entre eles, culpando uns aos outros pelo financiamento concedido e, agora, em vias de não haver reembolso.

Efetivamente a livrança não fora liquidada no seu vencimento. Mas porque havia de sê-lo?

Primeiro: Fizeram o que era vedado, por imposição da entidade patronal, emprestar dinheiro a funcionários.

Segundo: Ultrapassaram o limite de crédito individual para caso semelhante com outros intervenientes.

Terceiro: Não cumpriram, escrupulosamente, as ordens que receberam da hierarquia.

Quarto: Deram mal exemplo aos trabalhadores, seus subalternos, com essas atitudes, tendo em vista o lucro financeiro, à custa de um jovem inexperiente, que procurava adaptar-se à vida de acordo com aquilo que julgava ser o seu ideal e encurralaram-no num local adverso.

O assunto do não pagamento da livrança andou de mão em mão, pois ninguém a queria liquidar. Quando o assunto foi levado ao conhecimento do administrador em questão, a sua afirmação não se fez esperar:

"Quem fez que pague! Não atenderam à minha solicitação para que o meu filho fosse tratado como qualquer outro funcionário. Pelo contrário, contribuíram para que não fosse um exemplo de cidadão."

A última vez que o vi, foi através da televisão onde ele desempenhava papel de ator numa peça de teatro. Pensei que teria atingido os seus objetivos.

. * .

Todos os anos havia festa de Natal no Teatro Rivoli para os filhos dos empregados do banco, a quem eram distribuídos brinquedos e guloseimas de elevado valor para os tempos que corriam. A maior festa realizou-se no ano de 1969, em virtude de presidir à administração, o Conde da Covilhã, o qual investia mais em benefício do pessoal ao seu serviço e, consequentemente, nos filhos deles. A par das tradicionais entregas referidas, foi oferecido aos adultos, um copo de água, onde não faltou a comida pronta. Assim que as portas de acesso ao local, onde estavam as mesas postas se abriram, iniciou-se uma corrida e açambarcamento, que só é digna de comparação com aquilo que às vezes se vê com os povos dos países africanos, quando se movimentam em fuga e quando alguém lhes atira alguma comida, eles atropelam-se uns aos outros, na luta pela sobrevivência, o que não era o caso, evidentemente. Fiquei desolado com as cenas presenciadas, além de alguns empurrarem a comida com os dedos para comerem mais depressa, ainda havia aqueles que metiam para o bolso. Além disso, ainda houve um ou outro indivíduo que metia para o saco. Talvez tivessem deixado o cão ou o gato sem comer.

Como os elementos da classe bancária eram possuidores de um grau de instrução média ou média alta, conclui-se que o seu comportamento não seria o mais adequado, e acabaram-se, definitivamente, os lanches deste tipo.

. * .

Em 1970, comprei um terreno em Lavadores, na freguesia de Canidelo, para construir uma casa para habitação do agregado familiar, visto estar numa casa alugada e a renda ser muito cara. Tinha-se iniciado o aumento dos elementos na família, por isso começava a ter necessidade de uma casa mais espaçosa. Contraído um empréstimo no Montepio Geral, foi-se começando a construção, e assim que obtive melhores condições de capital, transferi o empréstimo para a cooperativa, "O Lar Económico" com sede em Vila Nova de Gaia. A obra de pedreiro foi feita por empreitada, sendo as restantes empreitadas por administração direta.

De manhã cedo, eu e minha mulher, transportávamos a areia para o primeiro andar, em baldes, que ao fim de uma hora de trabalho, já nem tínhamos força para subir mais escadas. De seguida fazia-se a argamassa, para que quando o pessoal chegasse, não perdesse mais tempo. O tempo era dinheiro, e isso, tínhamos pouco. Entre emprego, estudos e construção, comecei a fazer seguros para uma das maiores seguradoras, conseguindo mais uma pequena ajuda financeira. Em dezembro desse ano, e após ter completado o quinto ano do Liceu o banco promoveu-me.

. * .

Aconteceu o 25 de Abril de 1974, coisa que já era esperada há muitos anos, mas que ninguém acreditava que fosse possível, tal era a confusão no espírito das pessoas. Todos esperavam, talvez, que viesse a acontecer um milagre, dado que ninguém falava na preparação da entrega das colónias. Toda a gente mandava e ninguém obedecia. Não posso crer que, num país tão policial como este, com uma polícia política terrível, como era conhecida, essa organização não conseguisse resolver a situação na primeira tentativa de revolta. Chego à conclusão que havia mais medo que realidade, e os polícias políticos eram uns anjinhos sem asas. Veja-se como fizeram a sua rendição.

No dia 25, antes de entrar para a agência do Banco, fui informado do acontecimento, por um cliente, que era um dos sócios da empresa dos transportes Espírito Santo de V. N. de Gaia. Mal entrei no local de trabalho, pela agitação de alguns colegas, já presentes, confirmei que a notícia recebi-da dois minutos antes tinha veracidade. Inteirado dos factos e ouvida logo a notícia do MFA, através de um rádio portátil, todas as dúvidas se esclareceram. O gerente do departamento começou por abrir a casa-forte para se iniciar o trabalho. Eu por mim disse que me ia embora, porque revolução era uma coisa que não se fazia todos os dias. Naquele local era perigoso ficar porque ali havia dinheiro e poderíamos ser vítimas por causa disso. Abandonei o trabalho e fui para casa. Em seguida fui à escola primária de Lavadores buscar o meu filho mais velho, que a frequentava. Como ninguém ali sabia de nada, ficaram muito admirados, deixando-me levar o filho. Ficámos em casa a tomar conhecimento das notícias que iam aparecendo, enquanto não se assentava numa situação certa. Não sabia o que poderia acontecer, enquanto não era definida no mínimo a situação política.

Logo que foi possível, os bancos entrarem em funcionamento. Apresentei-me ao serviço. O trabalho começou por ser uma autêntica confusão. Ninguém dava ordens concretas e ninguém assumia responsabilidades. Qualquer assunto colidia com os direitos mínimos das pessoas e lá tinham que ser postos os problemas. Muitos, ou até a maior parte, tiveram de ser esclarecidos, pelo preclaro conselho da revolução, que de assuntos económicos nada sabia.

Tinham começado a chegar ao país, alguns Leninistas e Estalinistas que andavam à boa-vida no estrangeiro, e alguns mais ou menos isso, porque os Fidelistas já cá estavam.

A situação económica começou a ficar confusa. Uma grande parte das pessoas pensava que ia ficar rica sem trabalhar, enquanto os novos políticos, mostrando a sua ignorância, queriam acabar com os ricos, em vez de acabar com os pobres, sendo por isso, ainda hoje, Portugal um país do quarto mundo, vivendo de esmolas dos outros países da Europa e com uma assistência médico-sanitária, que provocaria horrores em qualquer Romano, pois já não podiam extrair ouro em parte alguma sem ter de o pagar.

A vida nos Bancos, quer para o pessoal quer para os clientes não foi fácil, naqueles primeiros tempos, dadas as condições impostas ao movimento de capitais e que deu como resultado a transferência para o exterior de alguns milhões de contos, motivado pela desconfiança na nova política. A maioria dos clientes, já nem confiava nos bancos, nem nos seus empregados. Mas diga-se, em boa verdade, que era preciso que acontecesse algo de transcendente na vida portuguesa. O setor económico, desde o princípio da emigração e da guerra colonial, começou a sofrer uma evolução desordenada e descoordenada da sua realidade, não ficando as instituições bancárias fora desse problema. A banca em geral, começou a sua expansão por todo o território nacional, principalmente nos grandes meios e na faixa litoral, só contribuindo para o desenvolvimento onde ele já, por si só, era mais elevado.

Na época de setenta, os bancos começaram por

praticar taxas diferentes das impostas por lei; quer nas operações ativas, quer nas operações passivas. Daqui resultou uma grande diferença no tratamento dos seus clientes, pois apenas estava em jogo o seu potencial e não o cliente propriamente dito. Os mais endinheirados passavam de banco em banco, a comercializar, às melhores taxas, a sua energia financeira. Assim, de mentira em mentira, conseguiam melhores taxas, em virtude da caça ao capital. Naquela fase, os principais gerentes de departamentos bancários, que normalmente tinham um determinado "plafond", para aprovar crédito e, em caso superior, eram os elementos que, segundo a sua opinião, os empréstimos eram concedidos. Com a prática das taxas por "fora"; nas operações passivas, naturalmente era preciso fazer o mesmo nas operações ativas, para compensação dos juros pagos. Então, os gerentes começaram a ser vistos a levarem dinheiro a mais nos empréstimos do que aquilo que era legal. Verdade seja dita, que na maioria dos casos, essas verbas extras, eram geridas pelo próprio banco, em segredo, em "saco azul". Se alguns desses visados conseguiram receber indiretamente dos clientes bancários algumas compensações, foi no campo dos seguros. Como qualquer banco estava ligado a uma companhia de seguros, por princípio, os gerentes eram os agentes na zona. Assim, quando concediam financiamentos de elevado montante para a ocasião, uma das condições impostas, era a de uma subscrição de seguro de vida, para garantir o pagamento do valor em débito, em caso de um acidente grave ou morte do segurado. Aqueles que necessitavam dos capitais para uma sobrevivência da sua empresa, arriscavam todos os encargos para essa necessidade. Isso, por si só, levou alguns à falência mais depressa.

Após o 25 de Abril, as festas de Natal sofreram alterações, umas para melhor outras para pior. Dentro do aspeto das facilidades com que todos julgavam que iria ser a vida futura, a festa de 1974 ainda se pôde considerar boa no Banco Borges. Mais à frente e já com muitas alterações político-económicas, e na perspetiva de conter despesas, dada a evolução do setor com aumentos salariais e subsídios adquiridos à "PRESSÃO", e na consequente redução da produção por parte do pessoal, os elementos do Conselho de Gestão, nesta instituição, começaram por atacar onde lhes era possível. Assim, o subsídio para as prendas de Natal que deveria ser maior, uma vez que a inflação tinha disparado, foi inferior ao necessário. Os grupos que tratavam da preparação das festas, ao verem-se com poucos recursos financeiros e como se estava na época comunizante, tiveram a infeliz ideia de solicitar, aos pais das crianças, que contribuíssem com uma verba para que as prendas fossem dadas sem muita diferença para pior, em relação aos anos anteriores. Após ter lido o comunicado do grupo de trabalho, escrevi-lhes uma carta a dizer que não aceitava que alguém, estranho à família, desse prendas aos meus filhos, sendo eu a pagar para tal. Para isso, eu fazia as compras e não precisava de festas, visto que ainda não estávamos em Cuba para tal acontecimento.

Com o acontecimento do 25 de Abril, a prática dos juros extras, deixou de ser praticada, não sabendo, até hoje, como foi contabilizado o dinheiro que estava em saco azul à data dos acontecimentos. E também não estou interessado, pois nunca tive lá nenhum pessoalmente, ficando apenas a funcionar a prática dos seguros, que mais tarde, acabou por levar mais agentes económicos à falência, visto os encargos financeiros serem incompatíveis com as taxas de rentabilidade de qualquer produto.

O pouco dinheiro que possuía em abril de 1974 estava empregado em algumas ações e títulos FIDES, dos quais eu também era agente de vendas. Motivado pelo golpe militar, tudo isso ficou conge- lado. Como não via resolução à vista, em setembro desse mesmo ano, resolvemos abrir um negócio, no rés do chão da casa que tínhamos construído e que se encontrava vazio. Começou-se praticamente do zero. O negócio foi de artigos de drogaria e materiais de construção. O veículo inicial, para o transporte dos materiais, foi um automóvel R5, o qual carregava com sacos de cimento, tijolos, telha e tudo o que lá cabia dentro. Durante quase um ano foi assim. Em agosto de 1975 acabei por comprar um carro ligeiro de transporte de mercadorias. Então, a minha situação de trabalho piorou. Todos os minutos disponíveis, para além do emprego no banco, serviam para ir buscar artigos e também fazer a sua entrega, que a maioria das vezes ia até 24 horas. Atravessámos a fase em que tudo faltava, principalmente no setor da construção, visto terem começado a circular mais capitais referentes à subida em flecha de ordenados, e a consequente construção de habitação própria, sendo na sua maioria clandestina, já que as autarquias não estavam sensibilizadas para tal evolução e pouco melhoraram até agora. Assim, estas entidades, em vez de apreciarem rapidamente os problemas que a implantação dos prédios, alguns até onde deveria ser via pública, apenas mandavam os fiscais para procederem à respetiva multa e consequente auto de embargo de obra nova. Como no período de abril de 74, mais ou menos até fins de 1978, ninguém tinha autoridade para se impor, os fiscais camarários, dessa época, e alguns "ratos finos" lá de dentro, ganharam elevados capitais com estas obras, incluindo algum dado por mim, para resolução de assuntos, que pela via legal, ainda hoje estariam por resolver.

Em resultado da escassez de matérias primas para a construção, mesmo assim as obras eram feitas a toda a velocidade pelas consequências anteriores, um desse elementos base era o cimento. Este produto, que estava tabelado por lei, nunca se conseguia vender ao preço legal, pois dado que os transportadores ficavam muito tempo à espera, sobrecarregavam os revendedores com os preços extras, deixando-nos depois o problema nas mãos para resolver com os consumidores finais, além de termos ainda, que fazer rateio para servir toda a gente e, consequentemente, a fiscalização das Atividades Económicas a fazer visitas.

No período mais grave, algumas vezes, o camião chegava pelas três horas da madrugada, tendo que ser descarregado imediatamente, caso contrário, não faltava quem ficasse com o artigo. Por essa razão, muitas noites me levantei e fui ajudar a descarregar, às costas, com outras pessoas, incluindo a minha mulher, que em cima do camião nos chegava os sacos de cinquenta quilos, os quais ainda vinham muito quentes, chegando por vezes, com a continuação, a esfolar o ombro. Foi um período de trabalho muito difícil, ainda mais porque tínhamos também construído duas casas de habitação para arrendamento.

Em fins de 1978, a minha mulher começou por ter crises musculares e esgotamento psíquico que a levou a ficar paralisada por diversas vezes, tendo de parar de trabalhar para conseguir sobreviver.

Voltou-se a reiniciar a atividade em 1982,

com construção civil, comércio de materiais pesados e ligeiros para a construção e todos os artigos de drogaria e eletrodomésticos. Voltou-se a viver outro período de trabalho que não foi menos fácil que o primeiro. Acabámos por nos retirar dessas atividades, definitivamente, em 1987. Nessa data, solicitei a reforma antecipada, contando para o efeito o tempo de serviço que prestei na Messe, o que aconteceu em 27 de outubro daquele ano. Após um período de um ano de descanso, voltámos a entrar em atividade, mas desta vez mais leve e de maior risco; comércio de ouro e afins. Deixámos esta atividade em 1996.

.*.

Voltando ao funcionamento do banco. Com a evolução das liberdades que começaram a ser conquistadas pelos trabalhadores e pelas pessoas de uma forma geral, e enquanto se não definiam regras de comportamento próximo do lógico, tudo continuava a ser orientado e desorientado, conforme as ordens vinham chegando e eram cumpridas ou não. Naquele departamento, como em muitos outros, os chefes de serviço nada podiam alterar sem, por dá cá aquela palha, fazer um plenário, com os quais concordavam, e muitas das vezes até solicitavam, para se verem livres de responsabilidade e de acusações, pois o seu lugar estava em perigo e o seu físico também. Todos os burros comiam palha, a questão era dar-lha no devido tempo. Nas ocasiões em que o banco fechou as portas por questões políticas, e nas reuniões fora das horas de trabalho, nunca ficava a ouvir burrices e saía para tratar da minha vida pessoal que era muito mais importante.

Eis que começam a surgir as divergências políticas entre os colegas de trabalho e os problemas começaram onde até então não os havia. Um dos colegas que nos foi enviado por outro departamento, já com certa responsabilidade hierárquica dentro do banco, começou por pertencer ao Partido Socialista e mesmo proposto a delegado ao Congresso. Seguidamente, como o ambiente naquele partido não era o que ele esperava, resolveu transferir-se para o Partido Comunista, onde proliferavam alguns maus trabalhadores, como aqueles que eu conhecia. Desde essa transferência, começaram os problemas em profundidade naquele departamento bancário. Conforme a situação política ia evoluindo, ele também. Passava mais tempo a dar assistência ao partido do que a trabalhar para quem lhe pagava o ordenado, pondo dentro do banco, os problemas partidários. Certo dia, ao chegar uma cliente ao balcão, e verificando que ele ostentava um distintivo Marxista, isto alguns dias após o 11 de março, começa aos gritos de:

"Comunistas aqui dentro?... Saia da minha frente! Se tivesse aqui uma faca, matava-o já! Chamem o gerente! Como pode um comunista estar a viver à custa do dinheiro do capitalismo? Ponham-no na rua!..."

Estas cenas, que agitaram as mentes, foram mais do que muitas. Até certo ponto, aquela senhora tinha razão, pois o saldo de alguns clientes foi divulgado em locais menos próprios para o efeito, só que nessa data, ninguém ousava atuar. Aquele referido elemento andava armado com uma pistola de guerra, que ninguém teve coragem de denunciar, pois o medo de represálias era superior. Nunca se sabia a que porta se batia. Numa das crises graves entre os colegas de trabalho, foi precisa a intervenção de um diretor do banco que prestava serviço na direção comercial da sede. Este senhor que até ao 25 de abril, quando visitava o departamento, não ligava absolutamente nada aos funcionários, a partir dessa data começou a cumprimentá-los um a um. A mim nunca o conseguiu fazer porque, apercebendo-me do assunto rapidamente, sempre dava a volta por outro lado para evitar esse cumprimento porque, para mim, mariquices não mas podiam servir.

Após o 25 de novembro, e com a consequente perda do domínio comunista, o referido senhor voltou a ser a personagem que era no tempo antigo. Nível superior na cabeça.

O referido funcionário da agência dedicava-se a apresentar aos seus colegas abaixo-assinados que normalmente tinham origem no partido, para serem assinados por nós, seus colegas bancários. Um deles, por exemplo: a reabilitação do casal americano condenado à morte, sob acusação de terem fornecido os elementos secretos para o fabrico da bomba atómica à URSS. Nessa ocasião, respondi-lhe:

"Deixem estar os mortos descansados e façam alguma coisa pelos vivos!"

Ele retirou-se logo, com o baixo-assinado, e não repetiu a conversa. Outro dos documentos apresentados foi a solicitar a libertação de um colega nosso, de outro departamento, que fora preso por ter levado uma bomba para dentro da agência, alegando que o alegado bombista estava inocente no caso. Tinham sido outros que lhe montaram uma cilada. Nessa ocasião afirmei-lhe:

"Esse inocente deve ser do seu partido, está bom de ver. Traga cá papéis para assinar quando for para me aumentar o vencimento, os outros não me interessam."

Numa outra altura, um cliente pegou-se com ele por causa da política, dentro da agência. Como foi insultado por aquele, resolveu ir ao telefone solicitar ao partido que mandassem elementos lá de dentro bater no dito cliente. Ao ligar o número, eu disse-lhe que o telefone era do banco e não do partido comunista e ele, também empregado do mesmo banco, que devia servir em trabalho, pois no fim do mês ele recebia o vencimento por inteiro como qualquer um de nós. Como não gostou, atirou com o auscultador para o descanso e foi trabalhar para a sua secretária, sem antes ter chamado uns não sei quantos nomes de fascistas e da mesma família.

Mais tarde, aconteceu uma coisa terrível. O homem ficou doente, foi-lhe diagnosticado um tumor no cérebro. Mesmo sabendo que corria perigo, as suas atividades partidárias nunca diminuíram, até quando houve os problemas em Braga e Famalicão, ele apresentou-se lá imediatamente. Muitas vezes vinha para a minha beira lamentar-se. Eu, então, dizia-lhe que ele apenas tinha na cabeça o bico da foicinha virado ao contrário, se mudasse de partido aquilo passava-lhe. Depois de um risada lá ia todo satisfeito para a sua secretária de trabalho.

Morreu aos 36 anos. O funeral, realizou-se em Mafamude, às 18 horas e 30, para que todos os colegas de trabalho fossem assistir.

No dia do funeral, no intervalo para almoço, um dos colegas vem dizer-me que o falecido estava coberto com a bandeira do Partido. Recusei-me a ir a funerais políticos e o único que não compareceu fui eu.

. * .

Da falta de respeito pela hierarquia estabele-
cida ao longo dos anos, e na completa falta de força
para exercer os seus poderes, os responsáveis bancários, a todo o nível, deixaram de orientar e fiscali-
zar convenientemente o funcionamento dos serviços
da banca, daí tendo acontecido casos tão conhecidos
do domínio público, e outros que não chegaram a
transpirar para o exterior. Em resultado desta
anarquia reinante, começou por desaparecer dinheiro da conta de alguns clientes e, também o comércio
de divisas em cheque e notas, em simultâneo com as
operações correntes, que ninguém ousava pôr cobro,
já que eram por demais evidentes. Em resultado de
algumas queixas que começaram por surgir de
clientes lesados, foram iniciadas investigações, por
diversas vezes, tendo a situação perante os clientes
sido regularizada, embora os intervenientes, dada a
sua posição política, pouco sofreram, além da perda
de emprego.

.*.

Na altura do pós-revolução, os empresários ainda continuavam a ter dois balanços económicos; um que apresentavam às Finanças e o outro que servia para todos os fins, incluindo a sua apresentação nos bancos. Com o evoluir da situação económica, para uma tendência mais fiscalizadora, os bancos começaram por aceitar apenas o balanço oficial, que depois de analisado pelo gabinete de estudos, emitia a sua conclusão, para efeitos da concessão de crédito, dando quase sempre as empresas em "situação financeira difícil"; com fortes "pressões de tesouraria" ou em "falência técnica." Por estas razões não havia possibilidade de conceder crédito. Entretanto, a força do movimento particular de cada um, como hoje ainda se faz, entrava em socorro dessa situação. Nessa altura, nada funcionava a cem por cento bem, qualquer cliente mais hábil que o normal, valendo-se do seu expediente, recorria a amizades dentro da banca, que levaram muitas vezes a crédito mal parado, por terem facilitado na concessão de crédito. Algumas vezes, funcionários superiores do banco, intercediam junto dos seus inferiores hierárquicos, para darem a sua contribuição menos limpa, em favor desses clientes. Sempre me opus a estes atos, tendo por isso acabado por sofrer as consequências profissionais de promoção. Uma vez, no gabinete da gerência, ao apresentar uma ficha de informação de uma firma interveniente em pedidos de financiamento e que naquela data tinha dado passos maiores que as suas possibilidades financeiras, servia-se de todas as "cunhas" para conseguir os seus objetivos. Pelo rumo das conversas e dado que mais uma vez se notava a interferência, eu disse:

"Já estou a ver que, para a construção da casa do nosso diretor, mandaram um camião de tijolo."

Passados alguns minutos e depois de saírem outros colegas do local, foi-me perguntado como é que eu tinha conhecimento disso.

.*.

Um dos meus colegas, que fazia informações dos intervenientes nas operações de crédito, numa das vezes concluiu que o indivíduo em questão não merecia crédito, devido ao seu mau comportamento na praça. Mas, teve azar, o gerente do departamento estava a negociar com o sujeito a venda de um seu carro usado. De discussão em discussão, entre gerente e funcionário, este último acabou por ser mandado apresentar no departamento de pessoal para efeitos de transferência de local de serviço. Casos semelhantes a este, conheci mais. A possibilidade de se conceder crédito nessas épocas, dava, pela época de Natal, uma grande recompensa a quem o fazia, daí que, quem se atrevesse a criar barreiras de honestidade, estava feito, em termos de carreira profissional. Assim, alguns burros que diziam sempre que sim, chegaram a cavalos, enquanto cavalos que abanavam a cabeça em sinal de não, passaram à outra categoria. Não vale a pena aqui ficar a contar mais acontecimentos, pois eles são tantos e tão complexos que demorariam uns dias a serem descritos.

.*.

Como toda a gente sabe, a banca também foi invadida pelos repatriados de África, mais conhecidos que foram por "Retornados." Pode-se dizer que alguns deles até mostraram ser bons profissionais, embora uma parte fosse fraca, sendo a parte restante péssima, isto é, nunca deveriam ter sido executivos bancários. Naturalmente, alguns deles conseguiram o documento de bancários a saca-rolhas. Esta gente na banca, protegia os outros retornados que por ali gravitavam para conseguir os seus objetivos, muitas vezes, ultrapassando os limites e dando prejuízo à própria entidade patronal. Tivemos, entre espécies raras: uma colega que dado o seu estilo de trabalho, muitas vezes lhe disse que era preferível, o banco tê-la em casa, pagando-lhe o vencimento e com isso teria mais lucro. Comparando o seu trabalho com um que tivesse 20 valores, numa escala de 1 a 20, teríamos serviço feito correspondente a 1 ou 1,5. A maioria do tempo era passado a fazer telefonemas durante horas seguidas, enquanto o seu trabalho estava em suspenso. Dado que os elementos da gerência não impunham o cumprimento das suas obrigações, isso tornou-se um hábito de muito tempo, levando os outros funcionários a desleixarem-se de alguma maneira no seu trabalho. Com os protestos e reclamações referentes a este caso, e porque as informações anuais de comportamento dos trabalhadores eram dadas com pouca diferença, um dos responsáveis, numa próxima oportunidade, resolveu levar ao conhecimento superior uma das anomalias verificadas. Teve azar. Pegou pelo lado errado. Nada conseguiu, a não ser o de ficar mal visto. Como nunca houve a coragem de pôr termo a estes atos, eles verificaram-se durante alguns anos. Eu sempre disse que só há maus funcionários, desde que só haja maus chefes.

.*.

Uma das pragas que teve grande evolução desde o 25 de Abril, foi a emissão de cheques sem cobertura. Houve alguns clientes que passaram muitas centenas deles e sempre que requisitavam novos livros, estes eram-lhes fornecidos sem qualquer restrição pelos responsáveis da banca. Em contrapartida, alguns desses funcionários contribuíram para esse efeito uma vez que também tinham lucros obtidos indiretamente desse negócio. Tudo lhes servia; bebidas, carnes, mobílias, etc, etc. Foi um período negro na banca estatizada. Toda a gente mandava e ninguém obedecia.

Na altura do 11 de março, os bancos estiveram encerrados. Para mim foi muito bom. Quando me apresentei ao serviço no dia da reabertura, tomei conhecimento que alguns colegas estiveram a fazer piquete na agência. Informaram-me que tinham mandado um telegrama ao Conselho da Revolução, para agradecer a nacionalização da Banca. Eu respondi-lhe que caso tivessem posto o meu nome, mandaria outro a dizer que não estava incluído. Disse: "A banca nacionalizada, irá funcionar como as repartições públicas, onde os clientes nunca têm razão, a par de serem quase sempre atendidos por favor." Disse, ainda mais, que se iriam arrepender de tal nacionalização, pois tudo aquilo passaria a ser dominado politicamente e a maioria dos trabalhadores ficaria a perder. Efetivamente, de uma maneira geral, isso veio a acontecer, tendo sido os funcionários os mais prejudicados.

Os funcionários dos bancos nacionalizados passaram a tratar de maneira não muito cordial e esclarecedora, mais ou menos igual com todos os seus clientes, isso levou muitas vezes a discussões entre uns e outros. Não raras vezes ouvi o seguinte diálogo:

"Vou retirar o meu dinheiro deste Banco!"

Resposta:

"Oh! Não faz mal. O patrão é o mesmo!"

Assim que surgiram os primeiros bancos privados a funcionar, tiveram grande sucesso, pois, os melhores clientes passaram a movimentar, imediatamente, as suas contas, junto deles, incluindo eu, mesmo não sendo grande cliente.

. * .

Posso dizer, sem sombra de dúvida, que apoiei o golpe militar de 25 de Abril a que toda a gente teima em chamar de revolução. Aquilo que aprendi, através da história, é que quando existe ou existiu uma revolução, ela é feita por iniciativa ou com participação ativa do povo, caso contrário, não terá esse nome, nem terá esse sentido. No 25 de Abril, o povo apareceu como espetador, dado que não tinha sido consultado, simplesmente convidado, nem tão pouco a revolta dos militares fora feita a pensar nele. Daí que, com tantos espetadores na plateia, os revoltados não soubessem o que fazer com a nova situação, pois ela fora criada por motivos pessoais, com origem nos Dec-Lei número 409 e-353/73 de 12 de outubro, em que os oficiais milicianos eram beneficiados em relação aos do quadro permanente e que, apesar da suspensão daqueles decretos, o movimento dos capitães que levou ao 25 de Abril, não mais parou. Isso compreende-se bem o porquê. Pensei sempre, e por alguns conhecimentos sobre política, que viver numa democracia era o mesmo que estar seguro, ser respeitado e ser respeitador simultaneamente, e ainda ter direito a escolher livremente os dignos representantes da nação. Mas, infelizmente, nada disso acontece. Não estou seguro; já uma vez fui vítima de tentativa de assalto em pleno dia e no arruamento mais movimentado da cidade de Gaia. Já me assaltaram o carro e levaram o rádio, deixando prejuízos nas fechaduras das portas. Já me tentaram assaltar a garagem no segundo piso inferior do prédio, tendo provocado elevados prejuízos. Já me roubaram o candeeiro por cima da porta da minha habitação no sexto andar. Já me passaram cheques sem provisão, que ninguém conseguiu resolver convenientemente. Já vi sentenças dadas por tribunais que não me convenceram. Já vi, toda a comunicação social, dar grande ênfase aos feitos dos criminosos e a defendê-los, quando os seus direitos parecem não estar a ser obtidos, deixando as suas vítimas no esquecimento. Já vi, os nossos presidentes da república, darem prémios a criminosos, sem perguntarem às vítimas ou na falta destas, aos seus familiares diretos, se concordavam. Já vi, polícias a multarem carros estacionados em transgressão, não multando os dos colegas, também na mesma transgressão. Já vi, os serviços camarários de Vila Nova de Gaia, acabarem de pintar uma linha amarela em frente à Câmara, sendo de seguida o primeiro transgressor no estacionamento, o carro particular de um guarda da PSP. Já vi, tantos pedintes com crianças que não lhes pertencem, a pedir na via pública, tendo-as ali ao frio, à fome e ao desleixo, sem que alguém tenha resolvido o problema. Já vi juízes a fumar no edifício do tribunal, quando lá tinha a proibição para isso, anunciando uma coima para os transgressores que é tão ridícula na diferença entre o seu valor mínimo e máximo. Já vi, médicos a fumar nos consultórios e nos hospitais e casas de saúde, de que faço a seguinte frase: "Porque razão havemos de chorar os fumadores mortos, se eles também nos quiseram matar?"

Já vi, conduzir uma camioneta de fruta, nas Termas do Gerês, levando a condutora um bebé deitado no seu colo, e mais, foi passar pela patrulha da GNR local, demonstrando uma falta de respeito pela autoridade. Já vi, condutores com crianças de tenra idade, entre eles e o volante, conduzindo a grandes velocidades, aos quais eu chamo de criminosos ou oportunistas, pois talvez queiram sofrer um acidente, e como a criança será logo esmagada, possam receber uma indemnização. Sei lá o que mais vi neste país que mereça ser apontado! Eu vi, mas não haveria folhas que chegassem para isso.

Não há respeito pelas pessoas, ou pelos seres humanos em geral, dado que a maioria dos jovens, neste país, comportam-se como arruaceiros.

Nunca consegui escolher livremente aqueles que orientaram e orientam este país.

Em 1958, não podia votar por não ter idade. Posteriormente, nunca pude escolher livremente o candidato que a meu ver, servia melhor, pelo único motivo, dele candidato, estar sujeito aos apoios dos partidos, tirando-me assim a liberdade de livre escolha. E também, não sou livre, porque possuo um número de identificação fiscal que me controla dia e noite, tendo hipóteses de saber, em mais pormenor, da minha vida que eu próprio. Além destas confusões todas, e mais ainda daquelas a que temos acesso, através da comunicação social, que mais têm contribuído para o sensacionalismo, que para a cultura do povo, leva-me a dizer e passar a mensagem, que já não acredito em democracia, não acredito na justiça praticada, não acredito na política feita, e muito menos nos políticos. Assim, resolvi, definitivamente, não votar mais em quaisquer espécies de eleições, o que só alterarei se um dia vir as vítimas mais protegidas que os criminosos de uma forma geral, e ao mesmo tempo, uma onda crescente de civismo. Não sou adepto de desportos de alienação, o que mais se vê por esse país fora, demonstrando o estado de desequilíbrio de quem deveria manter a disciplina, para uma vivência pura em democracia, tal como aconteceu no primeiro de maio, a seguir ao 25 de abril de 1974. Hoje, qualquer cidadão que tenha amor à sua vida não sai de casa depois do jantar, para ir ver as montras, porque o mais certo é não voltar tal como saiu ou, então, com o seu sistema nervoso alterado, sempre receoso que algo de mal lhe aconteça.

. * .

Uma das pragas deste século, que agora está a findar, é o consumo e tráfico de drogas, a que ninguém ousa pôr termo, e que dado o estado de disseminação a que chegou, jamais as autoridades o conseguirão, embora esteja muita gente interessada no apoio dos consumidores, uns por altruísmo, outros por pura vaidade, mas ainda não vi ninguém socorrer muitas das vítimas indiretas do consumo das drogas, que são normalmente os familiares diretos dos consumidores, alguns dos quais, por desespero da vida para que não estavam minima-mente preparados, as suas vidas chegaram ao fim mais cedo, provocado pela amargura que se lhes deparou de forma tão cruel. Mas se os próprios consumidores não estiverem interessados na sua própria reabilitação para a sociedade, esta nada poderá fazer para os demover, a não ser gastar dinheiro dos contribuintes obrigados ou voluntários, o qual poderia ser empregue em socorro de afetados por outras terríveis doenças, para as quais nada contribuíram para o seu aparecimento.

Mas, para mim, pessoalmente, existe uma praga ainda maior que o consumo da droga, mesmo que ela movimente muitos milhões de contos por ano neste país, o que de alguma forma tem contribuído para o desenvolvimento económico-financeiro, dado que, dinheiro que gira, dinheiro que cresce; que é o vício do tabaco. Embora os fumadores não o queiram admitir quando confrontados, que o vício do fumador ativo é em tudo semelhante ao do drogado, acarretando-lhe sofrimento e encurtando-lhe o tempo de vida, mas ainda com a agravante de provocarem iguais danos nos seus companheiros de trabalho ou dos seus familiares, o que é muito pior. Quem quiser suicidar-se lentamente, tem toda a liberdade de o fazer, mas não pode sacrificar os outros que não partilham dessa opinião. Esta última situação vivida ao longo dos anos, levou-me a dizer que: "**Mais vale a presença de um mau drogado do que a de um bom fumador**". É bem verdade para mim, o que acabo de afirmar. Pois o que sofri com a intoxicação provocada pelo fumo de tabaco, no local de trabalho, dentro de instalações fechadas e com ar condicionado a movimentar, ainda mais o fumo existente, sem que, as entidades competentes nada fizessem para resolver o assunto, em proveito dos próprios viciados, embora o consumo do tabaco seja uma grande fonte de receita financeira. Se realmente, nada for feito para inverter essa situação, e dado que a mercadoria é vendida com a informação de que o produto faz mal à saúde, isto leva-me a concluir que, o Estado deste país e de outros deveriam ser processados pela contribuição do aparecimento de doenças evitáveis. A Lei já criada para resolver alguns casos, para nada servirá, se não houver entidade que a faça cumprir na íntegra.

Faz-me pasmar, a luta que algumas organizações, nacionais e estrangeiras fazem contra o trabalho infantil, quer a nível do país, quer sobre os outros países. Como é possível, que cada país, não resolva por si só, esse problema que é arrasador de corpos e almas, sendo que é já usado desde os primórdios das civilizações e de que todos nós somos beneficiados pela sua exploração? Já vi organizações solicitarem a todas as pessoas, com bons princípios morais, para que se abstenham de comprar e consumir os produtos fabricados por aqueles, os quais nos fornecem a preços de concorrência, como se isso interessasse a alguém. Cada um compra o que mais lhe convém e na hora não está preocupado com quem fabricou. É questão de preço. Esses fazem-me lembrar os que não querem a energia nuclear, e ao mesmo tempo não deixam de a consumir no mais simples das suas vidas.

.*.

O mundo em que vivemos é cruel em toda a sua dimensão, mas na espécie humana, ela é mais selvagem que a selvagem propriamente dita. Enquanto as espécies irracionais apenas matam para sobreviver, segundo a sua condição de vida, o homem, ser racional, mata por prazer. Mata as outras espécies para se vangloriar de que é o melhor do grupo. Mas pior que isso, mata os da sua própria espécie, por prazer, por ganância, por vaidade, por irracionalismo do poder. Por exemplo: em relação às touradas, gostaria de observar o comportamento do homem toureiro, ao ser arpado nas costa e no final de tanta estupidez, enfiar-lhe uma espada por ele dentro. Gostaria também de ver, os filhos dos caçadores fugirem, enquanto outros filhos os perseguiam até os abaterem a tiro.

Também ainda teria muito gosto em ver os autores do movimento do 25 de Abril e os consequentes descolonizadores, serem as vítimas das atrocidades cometidas a seguir à independência das ex-colónias, que apesar de o terem sido durante 500 anos, não receberam o conhecimento que possuíamos e, no final, não conseguiram viver irmãmente por abandono total daqueles por quem foram subjugados. Isto também me levou a pensar que, aqueles contra quem lutei, ou contra quem mim lutou, não defendiam o seu povo como elemento principal da razão da sua causa, mas sim a ocupação dos lugares do poder que deixámos para os primeiros a chegar. Vejam de perto as vítimas que durante cem anos se vão arrastar por esse mundo miserável, para o que aqueles contribuíram e em nada contribuem para a sua diminuição.

Nunca estive de acordo com a integração de Portugal numa comunidade europeia, embora, talvez, de momento, nada melhor que isso se possa fazer. Nunca deu certo, o meu vizinho vir dar orientações na forma de gerir a minha casa, ou eu ir dar na dele, e depois todos os do mesmo lugar, darem opiniões entre eles todos. Fraco é o povo que não tem quem o faça ser independente por si próprio. Mas Portugal, tem o destino de viver à sombra de algum trabalho e muito dinheiro, tal como o pedinte, vai andando e vai vivendo, nunca produzindo coisa que se veja. De um país dos maiores do mundo, pela falta de produção e atualização por ter vivido à sombra da exploração dos outros povos que dominou, é agora, depois de tudo ter abandonado, um sobrevi-vente no fundo da Europa, esperando daqueles que estão mais ao cimo, mais qualquer coisa que eles pensam que nós temos direito. A futura Europa será governada pelo poder económico, não havendo qualquer hipótese de um país pequeno se sobrepor aos desejos dos outros, se entretanto não conseguir elevar a sua capacidade a nível superior. E assim é, porque somos um povo de memória curta, que a seguir ao 25 de Abril, ninguém mais quis militares para os territórios que mantínhamos, nem que fosse para equilibrar as forças até solução pacífica, que teria sido engrandecedora para todos os lados. Mas, por outro lado, logo que se avizinharam problemas exteriores aos nossos territórios, lá foram ter os nossos militares e ninguém reclamou. Talvez pela simples razão de que, quando se recebe mais dinheiro, a guerra compensa.

Vivemos na evolução do bem-estar com o objetivo de se atingir o maior grau de felicidade, nesta passagem momentânea por este universo a que pertencemos, embora nada tenhamos feito para que isso acontecesse. Daí a minha desilusão ao ver ao mesmo tempo tanta miséria e sofrimento por esse mundo fora. Acontecimentos políticos, que levaram povos a guerrear-se em consequência das suas ambições desmedidas e crueldade animalesca, fizeram muitos milhares de inválidos, que vegetam por entre o lixo, que em nome de um "melhor futuro", foram despejados depois de satisfeita a ganância dos autores, sendo a maioria das vítimas crianças das mais diversas idades. Por estes motivos, não compreendo como é que os seres humanos, pessoas de elevados estudos e posição económico-social de grande porte, em vez de adotarem algumas dessas crianças, até para resolverem os seus problemas de falta de companhia ou motivo para viver, prefiram antes adotar cães de companhia ou de guarda, levando-os a viver num luxo, opulência e irmandade, em apartamentos, cujo principal destino foi o da habitação exclusiva para pessoas. Daqui resultando um desrespeito completo pelos outros moradores, devido aos incómodos causados. Quando trazem esses animais para a rua, fazem as suas necessidades às portas dos outros, em vez de os levarem aos seus quartos de banho, pelo que mostram a inteligência irracional de que também são portadores. Mas o pior, ou talvez o mais revoltante, é vê-los (donos) nos hipermercados a fazerem compras de artigos de alimentação do mais luxuoso que existe, enquanto dão, a uma criança miserável e andrajosa, uma esmola que nem chega para comprar um osso. São essas mesmas pessoas que na época de Natal, fazem festas, vendas e ofertas, em favor dos mais desfavorecidos, quando andam durante o restante tempo do ano a explorá-los de uma forma direta ou indireta. Eu cá por mim não dou nada. Quem quiser viver tem de produzir. Aos incapazes, o estado que providencie a sua sobrevivência, que é sua obrigação.

Estávamos no dia 20 de março de 1977.

Começaram a notar-se no Algarve, para umas curtas férias de Páscoa, a presença de mais Portugueses.

Primeiro: começaram a jogar à bola na praia em quantos espaços existiam, sem respeitar o sossego dos outros.

Segundo: a barulheira que faziam, adultos e crianças, em relação aos estrangeiros, o que só demonstra uma falta de educação que ninguém lhes deu, é sinónimo da sua presença.

Terceiro: ao fim do dia, a praia fica mais suja, mesmo que existam contentores para o lixo.

Quarto: nos apartamentos, nota-se logo a sua presença com o barulho que fazem e o número de pessoas que chegam a ficar em cada habitação. Um caso acontecido em 1996, num T1, ficaram instalados 12 pessoas. Não me perguntem como couberam todos lá dentro, porque a isso eu não sei responder.

Quinto: para finalizar, os churrascos que fazem nas varandas dos apartamentos, com carvão vegetal, sem se importarem com os incómodos causados aos seus vizinhos e, o pior ainda, quando fazem o churrasco dentro dos apartamentos.

A tudo isto eu diria: vá para fora, cá dentro fazer férias selvagens.

Aproveitando falar do Algarve, já que o conheço bem, e dado que muita gente se queixa da diminuição do número de turistas, vou aqui indicar alguns motivos, que de certa forma, têm contribuído para essa diminuição:

Em restaurantes, alguns dos quais nem essa designação merecem, o turista é enganado no peso do peixe, mas sempre para mais. Quando reclama, é insultado em português, para que o não compreenda. É explorado nos preços já que na maioria dos estabelecimentos se come por preço elevado e má confeção. Junto de muitos restaurantes e bares, existem cães à solta, que ninguém sabe a quem pertencem e que por serem alimentados por alguns beneméritos trabalhadores, aqueles animais passam em grupos por aqueles locais. Num desses dias à noite, ao deslocar-me à baixa de Albufeira, os cães eram tantos, numa das ruas principais, que todos os turistas se desviavam para outras ruas, bem assim como eu. Isto só para não falar dos carros estacionados em cima dos passeios ou das passadeiras. Se querem turistas, têm que os acolher da melhor maneira, caso contrário, ponha placas a indicar todos os perigos a que estão sujeitos os turistas ao entrarem no Algarve.

O fim destas memórias está a chegar e não queria deixar de mostrar mais uma aberração que aconteceu no dia 16 de janeiro de 1997, na Ordem da Regional do Porto. Pelas 20 horas, enquanto esperava para entrar na sala de operações, para uma pequena cirurgia, passa um doente em cama, com destino ao mesmo pavilhão de operações, já com cerca de 60 anos, que iria ser submetido a intervenção dali a pouco tempo. Oiçam senhores, que é de estarrecer! Passados uns 30 minutos daquela entrada, vem à porta um médico chamar por alguém da família do doente. Logo apareceu uma senhora, com aspeto de lavradeira, que foi informada, pura e simplesmente:

"Não se pode operar o seu marido por não ter chegado um médico que falta, não conseguimos contactá-lo, motivado a avarias dos telefones pelo que temos de marcar outro dia para a operação."

"E, eu posso levá-lo para casa?", perguntou a senhora.

"Pode, mas tem de esperar que ele acorde da anestesia que lhe demos."

É simplesmente absurdo, aplicar anestesia sem que toda a equipa esteja presente. Assim, ao fim de algum tempo, lá andavam a dar bofetadas no homem, no corredor, para que ele voltasse à sua situação anterior. Passados uns minutos depois de ter ido para o quarto, lá vinha amparado e todo torcido pelo efeito da anestesia, a caminho de casa. Perante este espetáculo gratuito, só exclamei: santa ignorância esta!

Para terminar, e como se trata de assunto que está a ser vivido na minha época, não quero deixar de aqui referir aquilo que alguns, ou talvez muitos queiram; a regionalização. Já agora que a façam. Que dividam o que resta da unidade nacional, elejam presidentes para essas regiões e façam aplicar a justiça por tribunais locais, com a participação do povo, para que os casos não se arrastem indefinidamente e sejam julgados conforme os crimes praticados. Assim, talvez se consiga uma vivência sã, tão almejada, entre os grupos de cada terra, deixando os assuntos de extrema necessidade territorial por resolver.

Nesta época, isto é, em 1997, anda muita gente preocupada com o racismo, xenofobismo e outros palavrões difíceis, que ultimamente entraram em moda, porque isto de defender os outros é de modas, conforme nos seja favorável ou não. Parece-me que alguns vieram agora, ao fim de uns milhares de anos, descobrir a fórmula mágica para a integração dos povos, para uma sã convivência. Isso era muito bom de fazer se o homem não tivesse inventado a Religião, a Política e o Futebol, para que todos pudéssemos viver irmãmente. Nada disto vai ser possível e não pensem que um dia todos seremos iguais. Acreditar nisso, é o mesmo que renegar a própria natureza. Mas vamos a um assunto que se passou no dia 15 de fevereiro de 1997, à entrada do hospital Santos Silva em Vila Nova de Gaia.

Desloquei-me naquele dia àquele estabelecimento hospitalar, apesar de ser sábado, para ver pela última vez, um familiar meu, que dali a três dias falecera.

Dado que ali estive uma hora à espera de outras pessoas, fui observando o ambiente, como quem diz: ver as pessoas que entravam e saíam.

Sempre que alguma pessoa, a pé ou de carro, se aproximava do portão de entrada, o segurança de serviço, vinha imediatamente, como é sua função, saber da razão porque as pessoas ali se deslocavam, e deixá-las entrar ou não. Assim que alguém entrava e queria seguir sem parar, o mesmo segurança imediatamente entrava em ação, como é natural. Mas nesse espaço de tempo entraram três carros ligeiros conduzidos por elementos de raça cigana, não tendo nenhum deles parado nem abrandado a marcha dos veículos e o dito segurança ficou muito sossegado no seu posto a vê-los passar. Eu nem vou falar aqui naqueles, da mesma raça, que andam aí de automóveis de luxo e com os seus telemóveis e que são vendedores de peúgas nas feiras. Apenas só pergunto a esses tais senhores caritativos, porque será que querem que todos sejam iguais, sem que para isso os obriguem a ser diferentes e a cumprir a Lei como todos os outros cidadãos?

Aproveitando a ocasião de abordar a realização da manifestação dos homossexuais, que em Lisboa reclamavam que o Estado favorecesse todos aqueles que estão doentes com a SIDA, o que eu discordo, dado que aqueles que trabalham arduamente, não podem ser mais sacrificados, para pagarem aos que andam na boa vida e na dependência da droga ou do álcool e de tudo o mais não aconselhável.

Termino com a seguinte frase:

"Da luta dos ambiciosos é que sai a riqueza que alimenta os parasitas".

Anexo um.

À TUA VIDA

Chegaste a este mundo
Tão só e tardia.
Por muito ou pouco amor,
Ou por pura fantasia?

Chegaste muito cedo,
Em manhã pouco fria.
Ninguém ainda sabe
Se com tristeza ou alegria.

Logo a vida te obrigou,
Até mesmo em criança
A lutar por ti própria,
Com muita ou pouca esperança.

Vieste a este mundo
Para viver e sofrer,
E neste mundo estás
A lutar até morrer.

Sorte tive neste mundo
Em te sorrir e conhecer.
Doente me tornas sempre
Com tua dor e teu sofrer.

Nosso encontro casual,
Que tanta dor causou,
Em pouco tempo afinal
Em profundo amor o tornou.

Durante as nossas vidas
Tempos difíceis passaram.
Nossas vidas e nossas lutas
Hoje, amorosas se tornaram.

Anexo dois.

General Serafim Soares Fontelo:

Subsecretário da Guerra   1936-1944

Ministro da Guerra   1944-1950

Ministro da Defesa Nacional   1950-1958

Ministro do Exército (Interino) a)

Ministro da Marinha (Interino) a)

a) Exerceu cumulativamente entre 1950-1958.

General Marcelino Rodrigues:

Ministro do Interior 1944 – 1947

Chefe Estado-Maior General das Forças Armadas 1953-1958

Ministro da Defesa Nacional – 1958 a 1961.

General Antonino Souselas:

Comandante Militar da Guiné 1942 -1944

Diretor do Colégio Militar   1952 -1953

Comandante da 1ª Região Militar 1953 -1957

Comandante-Geral da Legião Portuguesa

Vice-presidente da Assembleia Nacional 1958

General Gervásio Conceição:

Governador de Damão

Chefe Estado-Maior em Angola

Chefe Estado-Maior da 1ª Região Militar

Governador Civil do Porto

Comandante da 1ª Região Militar

Abreviaturas:

BT = Batalhão de Telegrafistas.
CCp = Centro Cripto.
CGD = Caixa Geral de Depósitos.
Cheret = Chefia do Serviço de Reconhecimento e Transmissões.
CTI = Comando Territorial Independente.
DGS = Direção-Geral de Segurança
EM = Estado-Maior.
EME = Estado-Maior do Exército.
FBP = Fábrica Braço de Prata.
FIDES = Fundo Investimento p/Desenvolvimento económico-social.
GNR = Guarda Nacional Republicana.
IN = Inimigo.
McpE = Material Cripto do Exército.
MFA = Movimento das Forças Armadas.
NT = Nossas Tropas.
Perintrep = Relatório Periódico de operações Militares.
PIDE = Polícia Internacional e de Defesa do Estado.
PPC = Central Telefónica.
PSP = Polícia de Segurança Pública.
QG = Quartel-General.
RE = Radiogoniometria e Escuta.
Sitrep = Relatório dos Acontecimentos Militares.
URSS = União das Repúblicas Socialistas Soviéticas.